高等职业教育教材

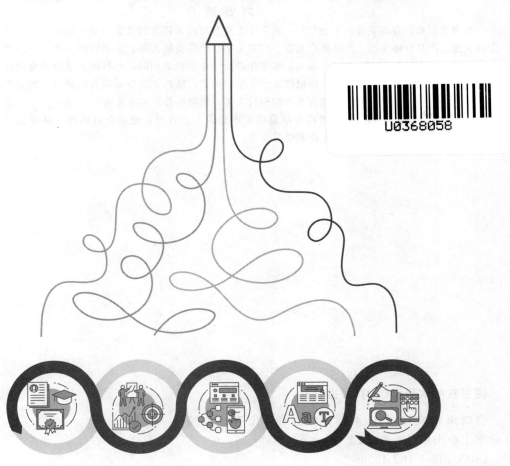

营销策划文案写作

秦 博 臧胜利 纪亚楠 主编

化学工业出版社
·北京·

内 容 简 介

本书是职业教育市场营销专业教材，涵盖了企业常用的营销策划文案类型，包括市场调研文案、市场定位文案、产品价格文案、产品推广文案、广告文案、产品促销文案、渠道管理文案、网络营销文案、商务主题活动文案的写作方法和写作技巧。本书在讲授专业知识的同时，有机融入了全面建设社会主义现代化国家、守正创新、精益求精、弘扬诚信文化等思政元素，精选丰富鲜活的营销策划文案案例，增设任务实训环节，直观且快速地教会营销人员如何撰写文案，如何将营销活动落地。

本书可作为职业院校及培训机构市场营销类课程的专业教材，也适合营销行业从业人员、企业、商家，以及对营销感兴趣的创业者、读者学习参考。

图书在版编目（CIP）数据

营销策划文案写作/秦博，臧胜利，纪亚楠主编 . —北京：化学工业出版社，2023.1

ISBN 978-7-122-42396-2

Ⅰ.①营…　Ⅱ.①秦…②臧…③纪…　Ⅲ.①营销策划-文书-写作-职业教育-教材　Ⅳ.①F713.50

中国版本图书馆 CIP 数据核字（2022）第 194345 号

责任编辑：王　可　　　　　　　　　　　装帧设计：张　辉
责任校对：宋　夏

出版发行：化学工业出版社（北京市东城区青年湖南街 13 号　邮政编码 100011）
印　　刷：北京云浩印刷有限责任公司
装　　订：三河市振勇印装有限公司
787mm×1092mm　1/16　印张 11　字数 279 千字　2023 年 10 月北京第 1 版第 1 次印刷

购书咨询：010-64518888　　　　　　　　售后服务：010-64518899
网　　址：http://www.cip.com.cn
凡购买本书，如有缺损质量问题，本社销售中心负责调换。

定　　价：36.00 元

营销策划文案写作

营销策划是企业的一项基础管理工作，同时也是企业在竞争中获取优势的一个重要因素。在产品同质化日趋严重的今天，企业希望通过开展营销活动来获取竞争优势，营销策划文案发挥出前所未有的作用。因此作为营销策划人员不仅要了解营销策划的基础知识，而且要掌握营销策划工作涉及的文案写作方法，能够根据企业的某一具体工作目标和主要目的，设计并撰写营销活动文案，为营销战略的实施和营销活动的顺利开展奠定基础。

本书以营销策划活动工作流程为主线，将内容划分为九个项目。每个项目都包括学习目标、学习导图、案例导入、文案范例和任务实训环节。每个任务实训环节都按照实训要求、实训思路、实训考核的顺序安排，注重内容的实用性及实战性。同时配有教学课件等数字教学资源，以适应线上或线上线下结合的教学需求。

本书特色如下。

① 紧跟时代，体现现代教育理念。本书将理论与实践结合，难度适中、结构合理，充分考虑新时代、新背景、新趋势下营销行业的发展变化，注重过程性学习，注重创新意识、创业能力、团队精神等职业素养的培养。

② 案例丰富，具有较强的适用性。精选新鲜案例，直击营销热点，用通俗易懂的语言、图文并茂的形式讲解营销策划文案的知识点，集创新性与指导性于一身。本书既是一本实用工具书，给营销策划从业者提供经验参考，又是一本详细实用的案头手册，为营销文案的撰写者提供有益指导。

③ 实战性强，突出内容的可操作性。本书在介绍基本知识和概念的同时，增加实训内容，通过专项写作训练强化实践操作技能，使读者具备撰写条理清晰、逻辑严谨、文笔流畅、具有可执行性商业文案的职业能力。

本书在讲授专业知识的同时，有机融入了全面建设社会主义现代化国家、守正创新、精益求精、弘扬诚信文化等思政元素，在帮助学生学习专业知识、训练职业技能的同时，培养学生的家国情怀，提高道德修养，推动学生的社会责任感、劳动精神、奋斗精神和创新精神融合发展。首先，在每章的教学目标中增加了素质目标，为提升学生的思想道德素质指明了方向。其次，在教材的案例选取上，注重对中国企业优秀案例的引入，培养学生自信自强的心态，使学生自觉认识到自己所从事职业的社会价值，认识到自己将肩负的社会责任和使命，积极投身于社会主义现代化强国建设。最后，任务实训部分将精益求精、守正创新、团结协作、讲信修睦作为实训要求，为衡量思政教育活动成效提供了依据。在布置任务时，对学生提出严格要求，要求学生对调研报告用词的准确性、文字的专业性及设计问题的逻辑性精益求精。在发放调查问卷环节，依托问卷平台、小程序等新技术手段，践行守正创新的精神。在市场调研过程中要求学生实事求是、客观公正，不迎合企业，不弄虚作假，保证市场调研数据的真实性。

本书由河北工业职业技术大学秦博、臧胜利、纪亚楠担任主编；河北工业职业技术大学张丽、闫寒、王蕾、张纬卿，河北行走好物企业营销策划有限公司石磊担任副主编。秦博负责本书总体框架的设计，纪亚楠、臧胜利负责全书的校对、修订和统稿工作。具体编写分工如下：

秦博编写项目一，王蕾编写项目二、项目三，纪亚楠编写项目四，闫寒编写项目五、项目六，张丽编写项目七，臧胜利编写项目八，张纬卿编写项目九。石磊参与了框架的设计及案例的研讨。

在本书编写过程中，我们广泛吸收了国内外已出版和发表的营销文案方面的相关资料。在此，我们谨向每一位作者、译者致以诚挚的谢意。由于编者水平有限，书中难免疏漏之处，请广大读者不吝指正。

编　者
2023 年 5 月

营销策划文案写作

项目一
市场调研文案

学习目标

知识目标

1. 理解市场调研的作用及意义。
2. 掌握市场调研的基础知识。
3. 掌握市场调研文案的写作结构。
4. 了解市场调研文案的写作技巧。

技能目标

1. 能够撰写市场调研策划书。
2. 能够借助在线问卷平台为企业设计制作市场调查问卷。
3. 能够汇总前期调研资料，撰写市场调研报告。

素质目标

1. 具有工匠精神，树立职业目标。
2. 具有团队精神和协作能力，小组能够分工协作完成任务。
3. 具有信息素养和学习能力，能够使用在线问卷平台完成在线调查任务。
4. 具有创新思维和商业敏感性，能够用文案提升销售的能力。
5. 具有良好的职业道德和职业操守，在市场调研过程中实事求是、客观公正，不迎合企业，不弄虚作假，保证市场调研数据的真实性。
6. 具有精益求精的工匠精神，文案写作需要字斟句酌、反复打磨。
7. 具有创新精神，能够提出具有创新性的建议，善于解决问题和创造性地运用调研技术。

🖋️学习导图

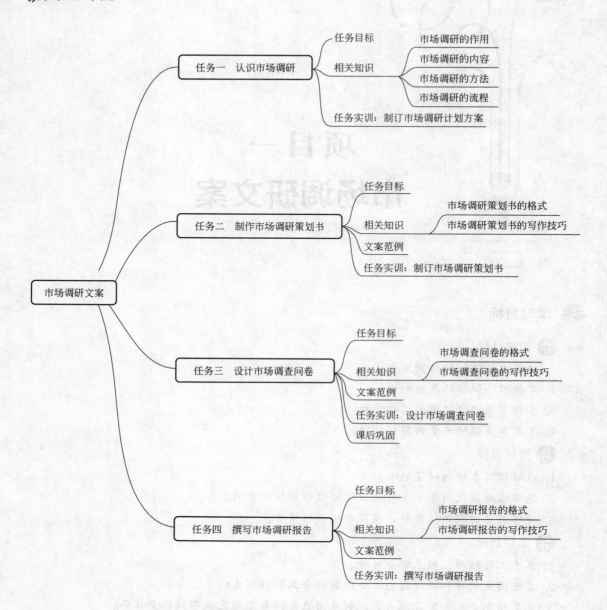

任务一   **认识市场调研**

　　市场调研是采用科学的研究方法，对市场、行业、消费者信息进行系统客观地收集、整理、分析，从而为企业寻找营销机会，评价改进营销活动。市场调研就像是在商业战场上侦察信息，为企业的营销决策提供依据。

　　例如，企业可以根据对 2018 上半年中国手机市场不同价格段产品的市场调研（图 1-1），从用户关注比例分布来看，2001～3000 元价格段机型获得的用户关注度最为集中，占比 30.5%。可以分析出这个价格段的机型最受用户青睐，成为用户关注的主流机型。

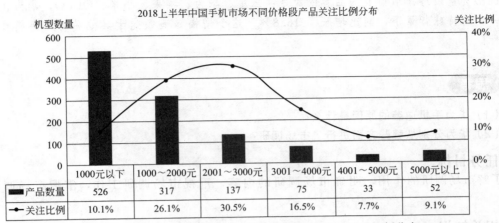

图 1-1 2018 上半年中国手机市场不同价格段产品关注比例分布

	1000元以下	1000～2000元	2001～3000元	3001～4000元	4001～5000元	5000元以上
■ 产品数量	526	317	137	75	33	52
◆ 关注比例	10.1%	26.1%	30.5%	16.5%	7.7%	9.1%

 案例导入

华为手机逆风飞翔

手机行业的变化总是迅捷而充满激情的，而手机行业的创新往往具有改变世界经济的能力。华为从 2009 年在西班牙世界移动通信大会首次展示首款安卓智能手机开始，便逐渐在智能机领域展露出其在庞大研发投入驱动下惊人的创新能力，而更重要的是，其创新的出发点及落脚点都聚焦于洞察及满足消费者的需求。

华为公司通过市场调研来洞悉消费者的需求，以用户交互为例，苹果率先在苹果 5s 上推出了 Touch ID 功能，但指纹识别之后，还需要滑动屏幕上的滑块才能完成解锁动作。华为在 Mate7 上对这一功能进行了优化，将指纹识别和屏幕解锁合为一步，这小小的一步，却大大提升了用户体验。同样针对手机越用越卡顿、耗电快等用户痛点，华为突破性地在 Mate9 上对安卓系统从底层操刀动手术，提出了"天生快、一生快"的口号；2017 年更是率先发布了全球首款 AI 芯片，利用 AI 芯片天然的计算优势，进一步提升手机运行速度，优化使用体验，降低使用功耗，达到极致省电的使用效果。而在相机这一消费者普遍非常关注的手机功能上，华为从 P9 开始便持续与徕卡合作，率先用"徕卡双摄"占领市场创新高地，引领相机设计潮流。

华为手机发展迅猛，布局海外市场。跨国公司在考虑全球营销布局时，大多会遇到统一品牌形象和本地消费者难以取得共鸣的难题。华为在进军外国市场的进程中，进行了深入和全面的市场调研。最终华为采取的策略是"为了获得消费者的信任，在各个地区进行差异化宣传，构建符合本地特点的品牌形象"。用本地化的方式去连接，和当地人共生共建华为品牌。这种营造地方感的全球营销策略，让全球各地的消费者从认识华为，到了解华为，并最终爱上华为的产品和品牌。在东北欧，华为以莱万多夫斯基这一当地区域的英雄人物作为情感连接的纽带，传递出华为"积极坚韧"的价值取向，与本地消费者产生共鸣；在德国和日本，华为通过大力宣传高科技、创新以及可靠的质量来获取消费者的认同。2019 年放眼全球市场，华为手机面临的状况并不乐观。被美国列入实体管制名单后，谷歌宣布终止授权，Facebook、Messenger 等应用程序不再预装在华为的手机上，这些都大大挫伤了华为的海外市场。面对严峻的考验，华为在进行科学的市场调研的基础上，稳扎稳打进行技术研发，最终实现了逆袭。2019 年，全球智能手机出货量最终排名前五的品牌依次是：三星、华为、苹果、小米、OPPO，华为在过去一年的特殊背景下，同比增长了 16.8%，这个增幅遥遥领先于其他品牌，实属难能可贵！

思考

（1）华为手机逆袭的原因是什么？

（2）华为分别从哪些方面进行了市场调研？

一、任务目标

了解市场调研的作用，明确市场调研的内容，重视市场调研工作，掌握市场调研的步骤。

二、相关知识

（一）市场调研的作用

1. 帮助企业更好地了解市场，发现机会

企业在进行市场营销战略规划时，要根据企业的定位进行合理布局，通过市场调研，企业可以确定产品潜在的市场需求和销量的大小，经过分析再决定是否进行投入。市场调研可以提供市场信息，有助于营销者识别最有利可图的市场机会，为企业提供发展新契机。

2. 帮助企业把握消费者的需求

当今市场，消费者的需求呈现多样性。通过市场调研，企业可以了解顾客的购买意向、购买行为、购买能力，从而确定目标市场，还可以为新产品的制定以及产品定价提供参考，并分析市场的销售态势。

3. 帮助企业制定营销组合策略

商业市场瞬息万变，伴随着市场竞争和顾客需求特点及外界环境的变化，企业必须对营销组合随时纠正、调整，使其保持竞争力。通过市场营销调研掌握同类产品的价格、掌握市场信息、灵活调整自身产品价格策略等，以保持对外界环境灵敏的应变能力。

（二）市场调研的内容

根据市场调研的目的不同，市场调研包括以下内容。

1. 竞争者调研

竞争者调研是通过系统性地对竞争对手进行调查和分析，分析预测竞争对手的竞争性行动，从而有效地制定客户自己的战略方向及战略措施。例如：某某电器公司竞争力对标调研、竞争对手动态跟踪、标杆企业调研。

2. 市场定位调研

市场定位调研是描绘顾客心智地图，提炼品类核心价值，确定品类归属，挖掘品类卖点，开创全新品类，从而科学理性地进行定位，避免走弯路。例如：全球汽车行业调研、高档音响市场调研。

3. 消费者行为调研

消费者行为调研是对消费者为获取、使用、处理消费物品所采取的各种行动以及事先决定这些行动的决策过程的研究。例如：美妆市场消费者调研、有机蔬菜市场消费者调研。

4. 客户满意度调研

客户满意度调研是用来考量产品在能否满足或超过顾客购买产品的期望方面达到的水平。例如：售后服务满意度调研、零售行业满意度调研。

5. 销售渠道调研

销售渠道调研是针对商品或服务从生产向消费转移过程的具体通道或具体路径展开的调查研究。例如：企业营销体系调研、渠道建设调研、零售市场调研、分销渠道调研、渠道竞争调研。

6. 品牌调研

品牌调研是针对品牌在受众心目中的认知程度、好感度进行的调查研究。例如：加多宝品牌认知调研、品牌构建和品牌发展战略调研。

7. 广告测试调研

广告测试调研是对创作出来的广告作品的形式、风格、诉求点、理解程度等进行测试评估，从中选出效果理想的广告作品进行广告投放。例如：广告定位测试调研、广告创意测试调研。

（三）市场调研的方法

1. 询问法

询问法是将调查的事项以面谈、书面或电话等方式，向调查对象提出问题或征求意见来收集市场信息的一种方法。它是市场调研中最常见的一种方法。在市场调研过程中先设计好调查问卷的内容，以便有步骤地进行提问。询问法可分为深度访谈、座谈会、问卷调研等方法，其中问卷调研又可分为电话访问、邮寄调研、留置问卷调研、入户访问、街头拦访等调研形式。

2. 观察法

观察法是调研人员有目的、有计划地通过直接或仪器观察、记录被调研者自然状态下的行为和表情，以获取信息的一种调研方法。观察法可以收集到真实可靠的资料，通过对资料的科学分析得出正确的结论。例如，我们通过对老年人选购家电产品的消费过程的观察，可以分析出老年人喜欢操作方便、功能键数量少的家用电器，比如带触摸屏的电冰箱、可语音控制的平板设备等。

3. 实验法

实验法是调研者有意识地操纵或改变一个或多个变量，控制其他无关变量，然后观察结果的变化，通过实际的、小规模的营销活动来调研关于某一产品或某项营销措施执行效果等市场信息的方法。实验的主要内容有产品的质量、品种、商标、外观、价格、促销方式及销售渠道等。

4. 文案调研法

文案调研法是通过对二手资料的收集、整理和分析，开展调查与研究。二手资料既包括企业内部资料也包括一些权威机构的统计资料、研究报告、文献期刊等。

👥 课堂讨论

针对下列问题开展讨论。

（1）大家是否有成为受访者的经历？

（2）一般市场调研是以什么形式开展的？

（3）作为受访者，你是否表达了真实想法？

（4）当你接到市场调研邀请时，你是否欣然接受？

（四）市场调研的流程

1. 准备阶段

首先明确调研目的，其次确定调研范围，最后根据前两者确定调研内容和采用的调研方法。

2. 初步设计

初步设计包括组建市场营销调研小组，明确各成员分工，拟订调研工作计划，编写市场调研策划书，设计调查问卷初稿。

3. 试调研阶段

试调研阶段先在小范围发布调查问卷，邀请受访者填答。如有问卷表述不清、逻辑混乱的情况则进行修改，最后修改问卷报委托方审核后再发布正式版的调查问卷。

4. 实施阶段

实施阶段按照调研工作计划，发布并回收调查问卷，整理分析调研数据，撰写调研报告。

三、任务实训

结合本任务所学知识，请你为该公司制订一份市场调研计划方案。

（一）背景资料

李宁公司是我国国内一家专业体育品牌公司。1990 年由"体操王子"李宁先生创立，以经营专业运动产品、休闲运动服饰、运动器材和配件产品为主，目前已在我国建立了庞大的零售分销网络以及供应链管理体系。截至 2020 年 6 月 30 日，在中国，李宁销售点数量共计 5973 个，并持续在东南亚、印度、中亚、日韩、北美和欧洲等地开拓业务。目前李宁公司想调查我国一线城市青少年群体对李宁品牌的认知情况。

（二）实训要求

1. 本次实训以小组为单位，小组成员分工合作，注意团队内部成员的协作。
2. 能够正确分析调研目的，按照调研范围，能够分析出调研内容，选择适宜采用的调研方法，并说明理由。

（三）实训思路

1. 将学生分成若干工作小组，教师布置实训任务，学生明确实训目的和时限要求。
2. 了解企业及产品的基本情况，为市场调研做好充分准备。
3. 确定我国一线城市名单以及青少年群体年龄段的划分，进一步明确调研范围。
4. 小组讨论后，确定调研内容和方法。
5. 教师对各小组的讨论结果进行点评。

（四）实训考核

每个学生完成李宁品牌的认知情况调研提纲，能简明概括企业的特点、企业的诉求，以及此次市场调研内容和方法。

任务二　制作市场调研策划书

市场调研策划书是企业为了保证市场调研活动能够科学有序地开展而提前制订的活动计

划。市场调研策划书是在市场调研实施前对市场调研的目的、内容、调研方法、调研进度、经费预算作出统一的安排，是市场调研活动的指导性文书。因此，市场调研策划书必须内容翔实，具有可执行性。

一、任务目标

明确市场调研策划书的写作结构，掌握市场调研策划书的写作技巧，语言准确具体、格式规范。通过完成本任务，能够撰写市场调研策划书。

二、相关知识

（一）市场调研策划书的格式

通常情况下，市场调研策划书具备以下内容。

1. 封面

封面一般包括市场调研策划书的标题、委托方、调研方、日期。

2. 目录

目录一般要体现出市场调研策划书各级标题和对应的页码，以便阅读者快速查看相关内容。各级标题与策划书正文的各级标题保持一致。一般目录篇幅不宜超过一页，若市场调研策划书内容较少，也可省去目录。

3. 前言

前言是对市场调研活动的概括总结，阐明调研背景、客户概况、调研范围、客户诉求等内容。

4. 正文

正文部分是市场调研策划书的核心部分，包括调研目的、调研内容、调研方法、调研进度、经费预算等。

（1）调研目的 调研目的是调研对象开展调研活动所要解决的问题，应指出为什么调研、要了解和解决什么问题、调查结果的意义。

（2）调研内容 市场调研通常包括以下内容：市场环境调研、市场需求调研、市场供给调研、市场营销因素调研、市场竞争情况调研。

（3）调研方法 说明采用该调查方法的理由，对选用的调研方法的名称、抽样的设计方案、样本大小、数据采集方法、数据分析方法、精度指标等进行说明。

（4）调研进度 调研进度要说明调研活动中各个环节的进度安排，包括调研的起始时间以及各环节所占用的时间。

（5）经费预算 经费预算要列出调研中每项活动的预算费用，费用项目不能漏报也不能多报乱报，费用金额要合理。经费预算的计算要严谨细致，以免因为经费预算失误而造成调研活动无法正常进行。

5. 附录

附录部分列明本次调研活动负责人及项目团队名单及分工、调研过程中依托的软件说明、抽样方案、技术参数等。

（二）市场调研策划书的写作技巧

1. 语言言简意赅

市场调研策划书的文字不需要华丽辞藻，语言要简练，内容直奔主题。

2. 内容准确

市场调研策划书要列明切实可行的计划，能够对后续调研活动给出明确的意见，列出翔实的工作进度，明确调研对象、内容和调研方法。工作进度、费用预算等项目以数字与图表相结合进行展示，更为直观。

3. 具有可行性

按照客户的诉求和预算，拟订切实可行的市场调研策划书。调研方案切实可行，才能使调研计划保证数据采集及后期整理有序完成，才能使调研活动满足客户的调研需求。

三、文案范例

××烧烤餐饮市场调研策划书

一、前言

伴随着我国经济的蓬勃发展，我国人均消费水平不断提高，餐饮服务行业呈现出高速增长态势。特别是近年来餐饮行业相继推出的各类新型餐饮服务项目对餐饮市场的格局、发展方向都产生了巨大的影响，加剧了餐饮行业消费形式的变革，令传统单一的酒店餐饮项目受到了冲击，市场份额也出现了下降趋势。

因此，在餐饮行业规模扩张与餐饮模式不断丰富的当下，消费者开始倾向于追求高品质、高服务、高体验的餐饮项目。本次市场调研就是想了解消费者对于烧烤餐饮店的消费诉求，更好地为A公司的烧烤餐饮项目提供参考意见。

二、调研目的

通过对当前餐饮市场内不同消费层次人群进行的消费心理、消费能力、消费习惯三方面的实地调研，为A公司推出烧烤项目提供客观可靠的依据，从而扩大××烧烤店在三亚区域的市场占有率。

具体目的：

1. 了解三亚烧烤餐饮市场的状况。

2. 了解本烧烤店在三亚的认可度和现状。

3. 了解三亚消费者对烧烤餐饮的消费能力及习惯。

4. 了解竞争对手的营销策略。

5. 分析开展新型餐饮服务项目的市场需求与潜力。

三、调研内容

（一）消费者

1. 消费者的个人信息（年龄、性别、收入等）。

2. 消费者对烧烤店的消费态度（消费观念、消费习惯）。

3. 消费者对烧烤店服务内容的期待（菜品、酒水、甜点等）。

4. 消费者对烧烤店服务过程中所需的其他附带服务与帮助（帮忙停车、看护小孩等）。

5. 消费者对烧烤店服务过程中所提供的环境的期待。

（二）市场

1. ××烧烤店在三亚的市场现状。

2. 三亚消费者需求及购买力状况。

3. 三亚市场烧烤店潜力测评。

（三）竞争者

1. 三亚知名烧烤店的市场份额、规模、消费档次、位置、价格。

2. 竞争对手的竞争优势。

3. 竞争对手的营销策略。

四、调研范围

　　根据三亚市烧烤店数量较多，消费层次多样的特点，以本烧烤店目标消费者为对象，锁定三类调研对象。一是三亚中高层收入者，具体包括私营业主、城市白领、政府工作人员、文艺工作者等。二是普通工薪阶层，这一群体收入水平不高、人数众多，但对就餐环境较好的烧烤店也有一定的需求。三是学生群体，这一群体消费观念前卫，追求新奇的就餐体验，从而对特色烧烤店的个性化服务内容有其独到的见解，可向学生群体了解对烧烤店形式、内容、服务新趋势的看法和要求，对开展烧烤店服务项目无疑是有帮助的。抽样方法：本次调研样本容量为300人，采用分层抽样的方法从各阶层消费人群中抽取。在三亚××大学、××步行街、××广场三个区域以及中高档次烧烤店周边区域进行。

　　五、调研时间及进度安排

　　本次调研拟于20××年××月××日～20××年××月××日进行，共××天。具体进度安排如下：

　　××月××日～××月××日　　制订市场调研策划书
　　××月××日～××月××日　　设计调查问卷
　　××月××日～××月××日　　调查问卷的修改、确认
　　××月××日～××月××日　　实地访问阶段
　　××月××日～××月××日　　调研数据统计和处理
　　××月××日～××月××日　　撰写市场调研报告

　　六、调研方法

　　本次调研活动主要采用问卷调查法，采用随机抽样的方法，采用询问法中的人员访问设计第一手资料。

　　采访员要求：

　　1. 仪表端庄大方，衣着得体。

　　2. 态度热情亲切，具有把握谈话气氛的能力。

　　3. 受过一定的市场调研培训。

　　4. 工作认真负责，具有吃苦耐劳的精神。

　　七、团队成员与分工

　　本次调查由H组承担，H组组长王某某作为负责人。其团队成员分工如下：

　　调研问卷与工作准备：4名

　　调研人员：6名

　　资料整理与数据分析：2名

　　调研报告撰写：1～2名

　　八、经费预算

　　问卷设计费　　　　××元
　　印制费　　　　　　××元
　　交通费　　　　　　××元
　　人员培训费　　　　××元
　　备用资金　　　　　××元
　　总计　　　　　　　×××元

四、任务实训

　　结合本任务所学知识，请你为以下公司制订一份市场调研策划书。

（一）背景资料

李宁公司是我国国内一家专业体育品牌公司。目前李宁公司想调研我国一线城市青少年群体对李宁品牌的认知情况。

（二）实训要求

在任务一结论的基础上，明确市场调研的范围、内容、方法，并形成书面文字，掌握市场调研策划书的结构，策划书要针对客户的调研诉求去设计。

1. 本次实训以小组为单位，小组成员分工合作，注意团队内部成员的协作。
2. 策划书结构正确，用词准确。
3. 条理清晰、逻辑严谨、文笔流畅。
4. 调研策划书具有可执行性。

（三）实训思路

1. 将学生分成若干工作小组，教师布置实训任务，学生明确实训目的和时限要求。
2. 熟悉市场调研策划书的结构。
3. 将本次调研的目的、内容、范围、方法形成书面文字。
4. 制订调研时间及进度安排。
5. 制订经费预算。
6. 按照公文写作格式排版。

（四）实训考核

以小组为单位完成李宁品牌的市场调研策划书，掌握市场调研策划书的结构，对整个调研活动具备统筹思考的能力。

任务三　设计市场调查问卷

市场调查问卷是调查者根据一定的调查目的精心设计的一份调查表格，在市场调研活动中用于收集资料的一种最为普遍的工具。市场调查问卷以问题的形式体现调查内容，调查者根据调查对象填答调查问卷的数据进行数据分析。问卷设计得好坏，将直接决定调查者能否获得准确可靠的市场信息，所以问卷设计尤为重要。调查者可以从调查问卷的题型、结构、版式上去进行设计，一份设计严谨、逻辑清晰的调查问卷，会让市场调查工作更加科学高效。

一、任务目标

明确市场调查问卷的写作结构，掌握市场调查问卷的写作技巧，语言准确、格式规范。通过完成本任务，能够制订市场调查问卷。

二、相关知识

（一）市场调查问卷的格式

通常情况下，市场调查问卷具备以下内容。

1. 标题

标题是对调查问卷内容的高度概括，让调查对象快速了解此次调查内容。例如，大学生网购情况调查。

2. 问候语

问候语放在调查问卷的开头部分，首先要表达对调查对象的尊重，包括称呼和基本的问候。其次介绍本次调查的目的、意义和自我介绍，以此引起调查对象对调查过程的重视。如果调查问卷涉及一些敏感问题，需要进行保密说明来打消调查对象的顾虑，使其能够表达真实想法。例如，本问卷实行匿名制，所有数据只用于统计分析，请您放心填写。最后，调查问卷如有填答说明和注意事项可放在问候语的最后部分。

3. 主体

调查问卷的主体由各种形式的问题组成，是调查问卷的核心内容。问题从形式上，可分为开放式、封闭式和混合式三大类。开放式问答题只提问题，不给具体答案，要求调查对象根据自己的实际情况自由作答。封闭式问答题给出问题及若干选项，调查对象只需在选项中进行选择即可。混合式问答题，又称半封闭式问答题，是在采用封闭式问答题的同时，最后再附上一项开放式问题。问题从内容上来说，要紧扣调查主题，无关问题不问；从数量上来说，在满足调查目标的前提下，问题数量越少越好。

4. 结束语

结束语放在调查问卷的末尾，是对调查对象的合作表示感谢，也可征询调查对象对问卷设计和问卷调查的看法和感受。

另外，当调查问卷专业性比较强或需要向调查对象说明注意事项和作答要求时，可在调查问卷中加入说明部分。

（二）市场调查问卷的写作技巧

1. 称呼及问候语贴合调查情境

根据调查对象的身份特点及企业的品牌特性，称呼及问候语要贴合调查的情境。如果调查对象是少年儿童，用语要活泼、简洁、富有亲和力；如果调查对象是专家、学者，用语应该科学、准确，并可适当运用专业语言。例如进行化妆品产品的市场调查，可以称呼对方是尊敬的女士、先生；进行移动业务的市场调查时，可称呼对方为尊敬的用户。

2. 语言简洁易懂

根据调查对象的认知情况，语言要简洁易懂。语言通俗易懂，不能出现调查对象不熟悉的专业术语、名词、量词、行话。例如"您认为您的孩子感统能力如何"，当调查对象对感统能力这一概念不了解时，会导致无法作答或者是没有按真实情况作答的情形。

3. 问题简短

用简练的语言陈述问题，减少调查对象阅读的时间。

4. 问题紧扣调查主题

题目必须与研究主题直接相关，与调查主题无关的问题不问。

5. 针对单一问题提问

每个题目只涉及一个问题，不能兼问。例如："您是否对本次服务的价格和响应速度满意？"就违反了一个问题只涉及一个内容的原则。

6. 选项穷尽原则

调查问卷中题目提供的选项之间应互斥，选项要全面。

例如，"您目前的学历是＿＿＿"。

A. 初中　　B. 高中　　C. 大专　　D. 本科

很显然选项不全面，遗漏了初中以下和本科以上学历的选项。

7. 避免诱导性用语

避免暗示或诱导性词语出现在调查问卷的问题里。例如："作为用户，您认为摄像功能能够极大地提高您购买手机的积极性吗？"

8. 问题的排序规则

（1）同类问题放在一起　可以按照问题类别、时间顺序、流程顺序等安排问题的顺序。

（2）先易后难　难度小的问题排在前面，难度大的问题排在后面。

（3）封闭在前，开放在后　封闭式问题排在前面，开放式问题排在后面。

✏️ **小练笔**

假如您发现您的英语表达在工作中不能够得心应手，于是您打算用业余时间学习英语，您会怎样安排您的英语学习？

请你用简洁的语言改写这个问题。

三、文案范例

BL 汽车××市 4S 店试乘试驾服务满意度调查问卷

尊贵的用户：

您好！

BL 和您一样坚信，未来可期。感谢您莅临 BL 4S 展厅，我们有幸向您展示 BL 汽车产品。BL 汽车长久以来，致力于引领技术趋势，打造高端电动汽车，提供极致用户体验。为了给您创造愉悦的用车生活方式，我们珍视每一位用户的需求和使用体验。您的意见和建议对我们非常重要，请留下您宝贵的意见。1～11 题为单选题，12 题为多选题，13 题是选答题。

1. 您对本次试乘试驾路线的满意度（分数越高，越满意）

A. 5　　　B. 4　　　C. 3　　　D. 2　　　E. 1

2. 您对本次试乘试驾车辆稳定性的满意度（分数越高，越满意）

A. 5　　　B. 4　　　C. 3　　　D. 2　　　E. 1

3. 您对本次试乘试驾车辆刹车性能的满意度（分数越高，越满意）

A. 5　　　B. 4　　　C. 3　　　D. 2　　　E. 1

4. 您对本次试乘试驾车辆操控性能的满意度（分数越高，越满意）

A. 5　　　B. 4　　　C. 3　　　D. 2　　　E. 1

5. 您对本次试乘试驾车辆视野的满意度（分数越高，越满意）

A. 5　　　B. 4　　　C. 3　　　D. 2　　　E. 1

6. 您对本次试乘试驾车辆隔音降噪效果的满意度（分数越高，越满意）

A. 5　　　B. 4　　　C. 3　　　D. 2　　　E. 1

7. 您对本次试乘试驾车辆音响效果的满意度（分数越高，越满意）

A. 5　　　B. 4　　　C. 3　　　D. 2　　　E. 1

8. 您对本次试乘试驾车辆屏幕操作的满意度（分数越高，越满意）

A. 5　　　B. 4　　　C. 3　　　D. 2　　　E. 1

9. 您对试驾专员解答问题的满意度（分数越高，越满意）

A. 5　　　B. 4　　　C. 3　　　D. 2　　　E. 1

10. 您对试驾专员驾驶演示的满意度（分数越高，越满意）

A. 5　　　B. 4　　　C. 3　　　D. 2　　　E. 1

11. 您对本次试驾服务的整体满意度（分数越高，越满意）

A. 5　　　　B. 4　　　　C. 3　　　　D. 2　　　　E. 1

12. 您是通过什么途径了解到本次试乘试驾活动的？（多选题）

A. BL官网宣传　B. 电台广播　　C. 微信公众号　D. 微信朋友圈

E. ××app　　F. 销售顾问致电　G. 朋友推荐　H. 其他____

13. 请您留下您对本次试驾服务的宝贵建议

_____

14. 请留下您的姓名及联系方式

姓名_____联系方式（手机或固定电话）_____

再次感谢您对BL汽车的关注，我们致力于为您提供超越期待的出行服务体验。

四、任务实训

结合本任务所学知识，请你为以下公司设计一份市场调查问卷。

（一）背景资料

李宁公司是我国国内一家专业体育品牌公司。目前李宁公司想调查我国一线城市青少年群体对李宁品牌的认知情况。

（二）实训要求

明确市场调研的主题，回顾市场调查问卷的结构和写作技巧。为李宁品牌的认知情况设计一份市场调查问卷。

1. 本次实训以小组为单位，小组成员分工合作，注意团队内部成员的协作。

2. 市场调查问卷结构完整，用语贴合情境，语言恰当简练。

3. 问题没有诱导性，问题排序符合规则，选项全面。

4. 市场调查问卷问题紧扣主题，不问不相关的问题。

（三）实训思路

1. 将学生分成若干工作小组，教师布置实训任务，学生明确实训目的和时限要求。注册在线问卷平台账户。

2. 熟悉市场调查问卷的结构。

3. 设计市场调查问卷的标题。

4. 撰写市场调查问卷的问候语。

5. 回顾品牌认知三要素的内容，围绕品牌认知三要素设计问题及答案。

6. 撰写市场调查问卷的结束语。

7. 将市场调查问卷进行排版，保证版面美观规范。

8. 小范围发放问卷试答，发现问题及时修改。

9. 形成市场调查问卷的定稿，通过在线问卷平台发布和回收。

（四）实训考核

以小组为单位完成李宁品牌认知情况的市场调查问卷，熟悉市场调查问卷的结构，掌握市场调查问卷的写作技巧，掌握在线问卷平台发布和回收问卷的能力。

五、课后巩固

回顾所学知识，请你修改下面这篇调查问卷。

快递服务满意度调查问卷

您好，我是××公司的调查人员，我们正在进行一项关于快递服务满意度的调查，想邀请您用几分钟的时间帮忙填答这份问卷。本问卷实行匿名制，所有数据只用于统计分析，请您放心填写。题目选项无对错之分，请您按自己的实际情况填写，感谢您的帮助！

1. 您的年龄是：

A. 18 岁以下　　　　　　　　B. 18～30 岁　　　　　　　　C. 30～50 岁

D. 50～60 岁　　　　　　　　E. 60 岁以上

2. 您平常会选择哪些快递公司提供的快递服务（可多选，最多选三项）：

A. 顺丰　　　　　　　　　　B. 圆通　　　　　　　　　　C. 韵达

D. 申通　　　　　　　　　　E. 中通

3. 您一般在什么时间使用快递上门取件服务：

A. 节假日　　　　　　　　　B. 工作日上午　　　　　　　C. 工作日下午

4. 您觉得快递公司最吸引您的是：

A. 寄件速度　　　　　　　　　　　　　　　B. 工作人员的服务态度

C. 价格低廉　　　　　　　　　　　　　　　D. 个人信息的保护

E. 包装的完好程度　　　　　　　　　　　　F. 其他

5. 您使用的快递公司，取送件灵活性如何？

A. 提货方式自选　　　　　B. 提货时间自选　　　　　C. 设有自提点

6. 您在使用快递服务时，快递公司是否提供发票？

A. 主动提供　　　　　　　B. 索要时提供　　　　　　C. 不提供

7. 您觉得通过快递邮寄冷冻食品，食品安全是否有保障？

A. 能够保障食品安全　　　B. 不能够保障食品安全　　C. 不清楚

8. 您对快递服务的速度是否满意？

A. 满意，都在承诺的时间内送达　　　　　　B. 一般，有时会超时送达

C. 不满意，经常超时送达

9. 您使用快递的频率：

A. 1 天 1 次　　　　　　　　　　　　　　　B. 1 周 3 次

C. 1 月 6～10 次　　　　　　　　　　　　　D. 半年 10 次以上

10. 您对哪些快递公司提供的快递服务感到满意（可多选，最多选三项）：

A. 顺丰　　　　　　　　　　B. 圆通　　　　　　　　　　C. 韵达

D. 申通　　　　　　　　　　E. 中通

11. 您对快递服务行业的整体满意度：

A. 满意　　　　　　　　　　B. 一般　　　　　　　　　　C. 不满意

12. 发生纠纷时，您会如何维权？

A. 向快递服务平台投诉　　B. 向快递网点投诉　　　　C. 向有关行政部门投诉

D. 向人民法院起诉　　　　E. 向媒体曝光　　　　　　F. 未发生消费纠纷

G. 其他

对于您所提供的协助，我们表示诚挚的感谢！为了保证资料的完整与翔实，请您再花一分钟时间翻一下自己填过的问卷，看看是否有填错填漏的地方，谢谢！

任务四　撰写市场调研报告

　　市场调研报告是市场调研结果的集中体现，调研人员将市场调研资料进行整理和分析，得出结论和建议，为企业的营销活动提出建议与指导性意见。市场调研报告是以科学的方法对市场的供求关系、购销状况以及消费情况等进行深入细致的调查研究后所写成的书面报告，帮助企业了解掌握市场的现状和趋势，增强企业在市场竞争中的应变能力和决策能力，从而有效地促进企业提高经营管理水平。

一、任务目标

　　明确市场调研报告的写作结构，掌握市场调研报告的写作技巧，能够根据调研资料分析调研结果。资料完整，分析有理有据，语言准确简练、格式规范。通过完成本任务，能够完成市场调研报告的撰写。

二、相关知识

（一）市场调研报告的格式

通常情况下，市场调研报告具备以下内容。

1. 标题

市场调研报告的标题是规范化的标题格式，由"主题"加"文种"组成。例如，"关于华北地区新能源汽车市场竞争现状的调研报告"。

2. 前言

前言阐述研究目的、研究范围、研究时间、地点、调研的方法、调研报告撰写的依据以及向相关个人及组织致谢。

3. 情况说明

情况说明是对调研结果的描述与解释说明，是调研报告的核心部分。可以用文字、图表、数字进行说明，力求做到重点陈述，解释说明要详尽准确。

4. 结论和建议

本部分是对调研活动的总结，通过分析研究调研资料给出调研的结论，或者是针对调研过程中发现的问题给出合理化建议。注意结论和建议的内容要紧扣调研目的。比如，本次调研目的是了解新设计的产品包装方案对该产品的销售促进效果，那么结论就是应该选择哪个包装设计方案，或者建议新设计方案需要调整的地方，比如色彩、包材、字体等。

5. 附录

附录是对调研报告的补充说明性资料。附录涵盖以下内容：调查问卷、参考文献、资料来源、数据统计图表、数据统计过程说明。

（二）市场调研报告的写作技巧

1. 以调研数据为依据，有论点有论据

市场调研报告是对市场供求关系、购销状况以及消费情况等调查行为的书面反映，往往离不开各种各样的数据材料。这些数据材料是定性定量的依据，在撰写时要善于运用统计数据来说明问题，以增强市场调研报告的说服力。我们在实际工作中需要先整理数据材料，分类汇总，然后按数据材料的重要性排序，从重到轻依次陈述，先摆观点再列出数据材料来支撑提出的观点，做到既有论点又有论据。

2. 调研材料展示注意文字和图表相结合

撰写市场调研报告，须以调查材料为基础。市场调研报告中的内容绝不是调研材料的简单罗列和堆积，必须运用科学的方法对其进行充分有力的分析和归纳，只有这样，市场调研报告所作的市场预测及所提出的对策与建议才会获得坚实的支撑。可以对调研资料的展示形式进行设计，例如，将数字资料利用办公软件绘制成图表，表达效果更直观。

3. 建议、结论要简明扼要地给出观点和建议

要以简练的语言对调研目的给出清晰明确的结论。建议是对结论的具体实施方案、改进措施、工作步骤的解释说明性文字。建议应当是正面积极地给出后期应该采取的措施，例如"扩大广告植入领域""拓展新的市场"等。当调研项目规模小、结果简单时，可将建议和结论合并成一部分。

三、文案范例

中国城市女性独居调查报告

时代趋势下，年轻人的生活状态逐渐丰富，不再一味地追求家庭、步入婚姻，部分年轻人选择独居，追求一种自由、独立、平静的生活状态。本次调查聚焦一线、新一线及部分二线城市 18～35 岁女性群体，了解城市独居女性的生活现状、情感生活以及未来规划。本次共调查 1556 位 18～35 岁的女性，调查时间是 2021 年 5 月 13 日至 5 月 16 日，调查方式采用定量在线调查的方式。

一、调研基本情况说明

本次调查目的是了解以下内容：中国城市女性独居经历及居住现状、独居女性的日常生活、社交习惯和情感依赖、生活规划和婚育观。调查范围是一线、新一线、二线城市。调查城市列表见附录部分。本次聚焦一线、新一线、二线城市高校学生和初入职场女性人群。

二、专项情况说明

1. 独居经历及居住现状

城市女性独居生活的起点，集中在刚毕业或刚开始工作。调查发现 18～35 岁的女性中，超七成独居两年以上。

针对独居期间居住的稳定性调查情况如下：独居期间，平均一年搬一次家。独居不足三年时，生活相对稳定，一年半搬一次家。独居三年以上，工作生活等变动，搬家更加频繁，平均半年搬一次家。

在高昂的房价和生活品质之间，独居女性大多选择整租来取得平衡。面对居高不下的房价，租房成了城市女性的居住首选，自有住房与租住的比例是 3：7。在能力允许范围内，她们尽量争取舒适、隐私的个人空间，41％的独居女性的居住空间在 31～60m^2。在租房的女性中，近 6 成选择整租，合租的女性也尽量选择主卧带卫生间的房型。

独居女性平均住房面积是 57m^2；合租女性的租住面积只有 30m^2。通过调查发现 61～90m^2 的居住面积成为独居购房女性的首选。

交通便利、小区环境、室内设施、价格等因素是独居女性选择住房时主要关心的因素。自有住房的独居女性，选择住房时更关心小区环境、户型朝向、电梯、与家人朋友的距离等因素；合租住房的女性更关心房租的价格。

独居女性的心理状态是她们在享受独居生活平静自在充实的同时，也要面对女性独居时的安全问题和意外发生后孤立无援的情况。独居女性们更多感受到的是平静、自在、充实。刚开始独居时，会因脱离了熟悉的环境、缺乏生活技能而感到压力。开始独居后，则更关注安全问题、突发意外。

2. 独居女性的日常生活

通过对独居女性的日常生活轨迹调研发现以下内容。

（1）独居女性平日选择宅家看视频、网购、看书、学习，周末或节假日会出门看电影、演出等，或和朋友出去玩。独居女性最常做的事情有追剧、看电影或纪录片、刷短视频、看直播，占比达 54%。周末或节假日期间，72% 的独居女性会选择看电影、展览和线下演出；68% 的女性会选择和朋友出去玩。

（2）睡眠情况。独居女性熬夜的情况较多，但比较注重个人饮食，27% 的女性会早睡早起，57% 的女性会熬夜，还有 16% 的女性作息比较随性。48% 的女性在独居时可以保证三餐规律，89% 的女性可以保证两餐以上的进食。

（3）多数女性在独居生活中会自己动手做饭解决餐饮问题。调研结果显示 69% 的独居女性会通过点外卖的方式解决餐饮问题，67% 的女性会选择自己做饭。经常做饭的女性认为自己做饭更健康，而且做饭可以使自己放松。不经常做饭的女性主要是因为工作太累，没有精力做饭。

（4）独居女性薪资集中在 5000 元到 1.5 万元，生活支出占其月收入的 30% 以下。薪资超过 8000 元会增加她们的安全感，其中半数独居女性认为收入达到 1.5 万～3 万元会更有安全感。

3. 社交习惯和情感依赖

社交方面超八成的独居女性会用社交软件与他人沟通，平均每周有 4 天的时间去进行社交。独居女性更愿意和朋友聊心事，其次是家人、伴侣，网友和宠物也会成为女性的倾诉对象。面对情绪低谷，独居女性更多会选择自我调节，较少进行心理咨询。调查发现当独居女性处于低谷时，近半数会通过学习让自己强大起来，其次会去旅行让自己放松或找别的事情转移注意力，只有 19% 的女性选择寻求心理咨询的帮助。26% 的独居女性不用交友软件。

4. 生活规划与婚育观

婚姻不再是女性的必需品，女性对婚姻的选择更加自由，年龄越小的女性对婚姻的渴望程度越低。

在生育孩子的态度上，有 77% 的女性有生育孩子的愿望，其中 39% 的女性是因为对孩子的喜爱，认为自己有责任有义务生育孩子；32% 的女性是为了维系夫妻感情，因实现家庭美满的愿望而生育孩子；6% 的女性认为养儿防老。有 20% 的女性不愿意生育孩子，其中8% 的女性不愿生育的原因是她们需要享受自己的人生；12% 的女性是因为生育孩子带给她们很大的压力。

三、结论和建议

1. 结论

独居女性中一线城市占比最大，近 8 成女性表示还会再独居 1～5 年，有 4% 的女性选择长期独居的生活。

2. 建议

（1）房产开发企业在房屋设计上可以考虑到独居女性人群的需求，研发 $31～60m^2$ 带有卫生间的户型产品。

（2）关注女性安全问题的产品，可以针对独居女性进行宣传。例如监控摄像头、指纹锁等产品。

（3）外卖店可以推出适合独居女性吃的低脂低油单人餐。

（4）在视频、电视剧的广告植入中，广告作品要考虑到受众人群中的独居女性。

附录

1. 本次调查城市列表

一线城市：广州市、北京市、上海市、深圳市。

新一线城市：成都市、杭州市、沈阳市、青岛市、南京市、苏州市、天津市、合肥市、重庆市、长沙市、郑州市、武汉市、东莞市、西安市、佛山市。

二线城市：泉州市、金华市、福州市、珠海市、保定市、石家庄市、南昌市、太原市、长春市、厦门市、大连市、宁波市、兰州市、徐州市、烟台市、南宁市、嘉兴市、无锡市、贵阳市、济南市、惠州市、台州市、哈尔滨市、绍兴市、常州市。

2. 市场调查问卷样表（略）

3. 独居状态持续时间表（略）

4. 生活支出占月收入比例（略）

四、任务实训

结合本任务所学知识及之前统计回收的资料，请你为李宁公司撰写市场调研报告。

（一）背景资料

李宁公司是我国国内一家专业体育品牌公司。目前李宁公司想调研我国一线城市青少年群体对李宁品牌的认知情况。

（二）实训要求

整理分析市场调研的数据材料、回顾调研报告的结构和写作技巧。为李宁品牌的认知情况撰写市场调研报告。

1. 本次实训以小组为单位，小组成员分工合作，注意团队内部成员的协作。

2. 市场调研报告结构完整，语言简练。

3. 运用统计数据来说明问题，既有对调研数据的陈述，又有对调查数据的分析和归纳，市场调研报告有理有据。

4. 文字图表相结合，图表表达清晰直观。

5. 以简练的语言作出清晰的结论，建议积极正面。

（三）实训思路

1. 将学生分成若干工作小组，教师布置实训任务，学生明确实训目的和时限要求。

2. 熟悉市场调研报告的结构。

3. 整理前期市场调查问卷的数据。

4. 撰写市场调研报告的标题。

5. 撰写市场调研报告的前言。

6. 撰写市场调研报告的情况说明。

7. 根据调研数据绘制图表。

8. 撰写调研报告的结论和建议。

9. 进行排版，保证版面美观规范。

10. 进行市场调研报告的展示。

（四）实训考核

以小组为单位完成李宁品牌认知情况的市场调研报告，熟悉市场调研报告的结构，掌握市场调研报告的写作技巧。

项目二
市场定位文案

📚 学习目标

🌐 知识目标

1. 掌握市场定位的原则、策略和步骤。

2. 掌握市场定位报告的写作结构和写作技巧。

3. 掌握产品定位报告的写作结构和写作技巧。

4. 掌握品牌定位报告的写作结构和写作技巧。

🌐 技能目标

1. 能够编制市场定位报告。

2. 能够编制产品定位报告。

3. 能够编制品牌定位报告。

🌐 素质目标

1. 具有工匠精神，对报告撰写精益求精。

2. 具有团队精神和协作能力，小组能够分工协作完成任务。

3. 不拘一格，定位报告撰写具有创新精神。

4. 具有良好的职业道德和职业操守，认真撰写报告。

5. 树立和培育社会主义核心价值观。

学习导图

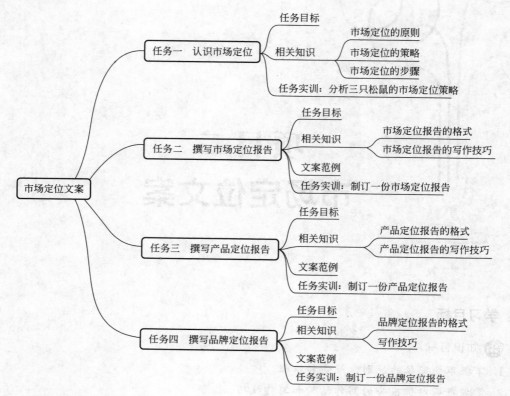

任务一　认识市场定位

市场定位是指企业根据所选定的目标市场的竞争状况，审视自身条件，针对消费者或用户对该种产品的某种特征、属性和核心利益的重视程度，确定企业的产品和服务在目标市场上的特色，塑造与众不同的、给人鲜明印象的形象，并通过一套特定的市场营销组合把这种形象生动地传递给顾客，从而使该产品在市场上确定适当的位置。市场定位并不是对一件产品本身做些什么，而是在潜在消费者的心目中做些什么。市场定位的实质是使此企业与其他企业严格区分开来，使顾客明显感觉和认识到这种差别，从而在顾客心目中占有特殊的位置。

案例导入

洽洽瓜子差异化市场定位

安徽洽洽瓜子是合肥华泰集团旗下著名的零食品牌。洽洽瓜子出现前的市场情况是全国成规模的炒货企业有 500 多家、品牌有 50 多个，傻子、真心、正林、小刘、徽记等区域大品牌风头正劲。洽洽瓜子面世后，因为其差异化的市场定位，很快得到消费者的青睐，产品供不应求。1999 年，洽洽瓜子的销售额仅 3000 多万元，投下央视广告后，2000 年销售额突破 1 亿元，2001 年暴增至 4 亿元。短短三年，洽洽就奠定了瓜子第一品牌的强势地位。

洽洽在市场上划分出一个相对高端的区域，把目标人群锁定在白领阶层，这部分群体的消费特征是对价格不太敏感，而一旦形成对某种品牌的信任，忠诚度会很高，除了口味以外，这部分人群还要有一定的文化品位。

在洽洽之前，众多品牌的瓜子产品都是炒制而成，这类产品的问题是难入味、吃完手脏、容易上火等，洽洽推出"变炒为煮"的水煮制瓜子，将严格精选的瓜子与十几味中草药一起煮 24 小时以后再烘干，具有颗粒饱满、不易上火、不易脏手的特点。传统炒货摊拿张报纸就给包了，其他牌子的塑料袋则显得廉价低档。洽洽却精心设计出环保结实的包装袋，中国红的牛皮纸，搭配竖式大信封，让人耳目一新，瞬间就感到包装的舒适质感和高端大气。洽洽瓜子的文化品位还体现在随袋赠送的文化卡片上，卡片图文并茂，制作精美，成套系，可欣赏可收藏，为消费者提供了精神食粮。基础打好了，洽洽不惜重金通过在中央一台打广告的方式令洽洽瓜子家喻户晓。

2001 年，安徽洽洽食品有限公司成立。2002 年，"洽洽"商标被认定为"中国驰名商标"；2006～2008 年，洽洽品牌连续位居中国食品工业协会坚果炒货专业委员会评选的"全国坚果炒货食品十大著名品牌"之首。

 思考

（1）洽洽瓜子脱颖而出的原因是什么？
（2）洽洽瓜子如何进行差异化定位？

一、任务目标

理解市场定位的含义，了解市场定位的原则、市场定位的策略，掌握市场定位的步骤。

二、相关知识

（一）市场定位的原则

各个企业面对的市场环境不同，竞争者的量级情况不同，经营的产品和服务不同，面对的顾客也不同，因而市场定位所依据的原则也不同。总的来讲，市场定位所依据的原则有以下四点。

1. 根据具体的产品特点定位

构成产品内在特色的许多因素比如所含成分、材料、质量、价格等都可以作为市场定位所依据的原则。"太太口服液"定位于因为体虚引发面部黄褐斑的已婚女士，其口号是"太太口服液，十足女人味"。这一定位既指明了产品的使用者，也表达了产品的功能性利益点：让太太有十足的女人味。"意可贴"打破了治疗口腔溃疡粉剂涂抹的方法，快速、高效、方便地用一个带有药物的小贴片解决了口腔溃疡问题，其品牌口号是"治疗口腔溃疡，一贴 OK！"。

2. 根据特定的使用场合及用途定位

科技进步，产品更替，或其他原因导致市场占有率下降，对老产品重新定位，重整市场，不失为该产品创造新的市场定位的好方法。贝亲儿童洗发水在竞争者较少的儿童洗发水市场的初次定位是：无泪配方，不刺激眼睛。当国内外品牌涌入儿童洗发水市场时，贝亲再次进行自我定位：使头发松软有光泽。小苏打曾一度被广泛地用作家庭的刷牙剂、除臭剂和烘焙配料，但是已有不少的新产品代替了小苏打的上述一些功能，所以小苏打可以定位为冰箱除臭剂，也可以作为调味汁和肉卤的配料，更有一家公司发现它可以作为冬季流行性感冒患者的饮料。

3. 根据顾客得到的利益定位

产品提供给顾客的利益是顾客最能切实体验到的，也可以作为市场定位的依据。企业根据广告促销，在顾客心目中强化使用该产品所获利益，通过顾客体验，给顾客留下鲜明印象。消费升级、熬夜党碰上疫情，在健康观念上扬的年代，新兴消费群体和消费趋势在饮品市场造就了新的增长点。元气森林抓住了人们不是不喜欢喝饮料，而是害怕摄入过多的糖不利于健康这一矛盾，成了低糖低脂产品的代表，首款产品是主打无糖无脂肪的燃茶，接踵而至的是 0 糖 0 脂 0 卡的气泡水。

4. 根据使用者类型定位

企业常常试图将其产品指向某一类特定的使用者，以便根据这些顾客的看法塑造恰当的形象。劳斯莱斯的幻影是第一款用自己底盘制造的车，该车一共只生产了 18 辆，是专门为伊丽莎白女王和爱丁堡公爵设计，劳斯莱斯宣布只有国家元首才有资格购买和拥有它。这就意味着劳斯莱斯将自己推向了超高端、唯我独尊的市场。当时，幻影的最高车速可以达到 160 千米/时。

许多企业进行市场定位依据的原则往往不止一个，而是多个原则同时使用。因为要体现企业及其产品的形象，市场定位必须是多维度、多侧面的。

（二）市场定位的策略

市场定位的策略是塑造一种产品在市场上的位置的办法，是一种竞争策略，它显示了一种产品或一家企业同类似的产品或企业之间的竞争关系。市场定位的策略包括以下三种。

1. 避强定位

这种策略是企业避免与强有力的竞争对手发生直接竞争，而将自己的产品定位于另一市场的区域内，使自己的产品在某些特征或属性方面与强势对手有明显的区别。这种策略可使自己迅速在市场上站稳脚跟，并在消费者心中树立起一定形象。由于这种做法风险较小，成功率较高，常为多数企业所采用。1968 年，七喜广告设定自己为可口可乐和百事可乐之外的新型饮料。"非可乐"的定位刺激大众的兴趣，使大众纷纷购买，销售量扶摇直上。

2. 迎头定位

这种策略是企业根据自身的实力，为占据较佳的市场位置，不惜与市场上占支配地位、实力最强或较强的竞争对手发生正面竞争，而使自己的产品进入与对手相同的市场位置。由于竞争对手强大，这一竞争的优点是在竞争过程中往往相当惹人注目，甚至产生所谓的轰动效应，企业及其产品可以较快地为消费者或用户所了解，易于达到树立市场形象的目的。缺点是具有较大的风险性。

3. 重新定位

这种策略是企业对销路少、市场反应差的产品进行二次定位。公司在初次选定了市场定位目标后，如定位不准确或虽然开始定位得当，但市场情况发生变化时，如顾客的需求偏好发生转移，遇到竞争者定位与本公司接近，侵占了本公司部分市场，或由于某种原因消费者或用户的偏好发生变化，转移到竞争者方面时，就应考虑重新定位。一般来说，重新定位是企业摆脱经营困境，寻求新的活力的有效途径。此外，企业如果发现新的产品市场范围，也可以进行重新定位。

（三）市场定位的步骤

市场定位的关键是企业要设法在自己的产品上找出比竞争者更具有竞争优势的特性。竞争优势一般有两种基本类型：一是价格竞争优势，就是在同样的条件下比竞争者定出更低的价格，这就要求企业采取一切努力来降低单位成本；二是偏好竞争优势，即能提供确定的特色来满足顾客的特定偏好，这就要求企业采取一切努力在产品特色上下功夫。因此，企业市场定位的全过程可以通过以下步骤来完成。

1. 选择竞争优势

企业市场营销人员必须通过一切调研手段，系统地设计、搜索、分析消费者对各种属性的重视程度、竞争对手产品特色、本企业最有能力提供的价值。

2. 初步确定定位方案

研究自身竞争优势及对手的市场定位后，确定自身有利位置，设计营销组合，使产品特色符合目标市场。

3. 调整定位方案

在定位市场上再次进行调查和产品试销活动，有偏差马上纠偏。

4. 再定位

当发生以下情形时，需要进行再定位。①消费者偏好转移或萎缩。②企业资源变化。③竞争者实力变化，策略调整构成威胁。

5. 准确传播企业定位观念

发生以下情形时，需要准确传播企业定位观念。①定位过低，产品没有得到认可。②定位过高，宣传夸大。③定位混乱，企业没有建立有利且固定的定位市场，特征太多，消费者印象不清晰。

三、任务实训

结合本任务所学知识，请你分析三只松鼠的市场定位策略。

（一）背景资料

三只松鼠股份有限公司成立于2012年2月16日，公司总部在安徽芜湖，是中国第一家定位于纯互联网食品品牌的企业，也是当前销售规模位居前列的食品电商企业，其主营业务覆盖了坚果、肉脯、果干、膨化等全品类休闲零食。2019年其全年销售额突破百亿，成为零食行业首家迈过百亿门槛的企业。

三只松鼠的目标人群定位非常明确，它的客户群体定位是80后、90后互联网用户群体。80后、90后个性张扬，有自己的主见和行为准则，他们追求时尚、享受生活、善待自己，对细节挑剔，习惯网购，注重全方位的消费体验。"三只松鼠"从命名开始，就很注重契合目标消费者的特点。除了要能很好记忆，也要好玩一些。而当这两者合为一体，就很容易联想到动物，于是得到了"三只松鼠"的名称。

"三只松鼠"的形象和包装也是根据消费者的需求定位出来的。三只小松鼠色彩鲜丽、活泼可爱，而且每只松鼠还有自己的名字，代表着一种典型性格。例如，松鼠小酷，技术宅一枚，喜欢发明创作，对一切新奇的事情充满了兴趣，符合大多数宅男的状态；松鼠小美，温柔美丽，是年轻女性的典型代表。如今，三只松鼠正逐步笼络80后、90后互联网用户群体，尤其是针对女性，极大地吸引了年轻一代女性的注意，拉动了产品消费。

（二）实训要求

学生理解市场定位的含义，了解市场定位的原则和市场定位的策略。

1. 本次实训以小组为单位，小组成员分工合作，注意团队内部成员的协作。

2. 根据背景资料，查找资料，对比市场竞争产品，审视三只松鼠自身条件，针对消费者需求，确定三只松鼠产品在目标市场上的特色。

（三）实训思路

1. 将学生分成若干工作小组，教师布置实训任务，学生明确实训目的和时限要求。
2. 根据背景资料，了解企业及产品的基本情况，查找资料研究市场竞品。
3. 小组讨论分析目标客户群需求，确定三只松鼠产品市场定位策略。
4. 教师对各小组的讨论结果进行点评。

（四）实训考核

正确分析三只松鼠企业及产品情况和在目标市场上的特色，能够正确找到竞品并进行分析，分析目标客户群对某种特征、属性和核心利益的重视程度，确定三只松鼠产品市场定位策略。

任务二　撰写市场定位报告

市场定位方案，是公司确定市场定位工作的一份指导性文件，其内容具体包括市场定位目的、管理职责、市场定位原则、市场定位方法、市场定位策略、市场定位具体实施步骤。

一、任务目标

明确市场定位报告的写作结构，掌握市场定位报告的写作技巧，分析到位，语言准确、格式规范。通过完成本任务，能够撰写市场定位报告。

二、相关知识

（一）市场定位报告的格式

市场定位报告通常包含以下几部分内容。

1. 市场定位目的

为了怎样的市场定位目的制订本方案。

2. 管理职责

明确本次工作涉及的营销工作人员的各种职责。

3. 市场定位原则

重申本次市场定位遵循的原则。

4. 市场定位策略

谋划本次市场定位的策略。

5. 市场定位方法

根据市场、消费者、竞争者和自己的产品实力确定市场定位方法。

6. 市场定位具体实施步骤

确定本次市场定位的具体实施步骤。

（二）市场定位报告的写作技巧

1. 区分市场定位与产品定位的关系

市场定位是公司对目标消费者或者目标消费市场的选择。而产品定位是在完成市场定位的基础上，公司用什么样的产品来满足目标消费者的需求。在制订市场定位方案时，应该首先区分清楚这两者的关系，否则将会给制订方案带来一定困难。

2. 定位策略应符合实际

制订定位策略时，虽然要充分体现公司的优势和实力，但需要注意的是，策略一定要符合实际，与公司的实力及优势相匹配。如果不考虑这一点，那么制订的策略就是空中楼阁，是很难实现的。

三、文案范例

××企业市场定位报告

一、市场定位目的

为了提高工作效率，规范市场定位工作流程，做好市场定位工作，从而使企业找到正确的市场定位，刺激消费者的购买欲望，特制订本方案。

二、管理职责

1. 营销专员负责收集市场定位所需要的所有资料，包括市场环境、竞争者情况、客户需求，并做好归纳整理。

2. 营销部负责人部署市场定位相关工作，对整个流程进行监督，对营销专员收集的资料进行甄选。

三、市场定位原则

在进行市场定位时，应遵循以下原则。

1. 根据具体的企业特点定位。

2. 根据特定的使用场合及用途定位。

3. 根据顾客得到的利益定位。

4. 根据使用者类型定位。

四、市场定位方法

经过调研，我××企业在市场上有一个竞争对手，我们采用迎头定位法，准确判断出企业的竞争优势，与它展开正面交锋，有技巧地选择与竞争对手重合的市场，争取目标客户，从产品价格、服务等方面与竞争对手进行区别，并把竞争优势进行宣传。加强企业宣传的力度，把差异化展现给消费者，使之熟悉公司的产品，并逐渐接受，强化市场定位。

五、市场定位策略

经过调研，本企业市场定位将走差异化路线，确定自身特色。经过市场调研和市场细分后，确定我们企业的目标消费人群为年轻时尚人群，针对我们企业和其他竞争者的质量差别，我们加大宣传力度，让目标消费人群了解企业定位。针对不同的消费渠道，制定不同的分销策略。在宣传方面，针对年轻时尚人群，不论在广告形式上还是内容上，都应该加入时尚元素，采取多元化广告形式和促销方式。

六、市场定位具体实施步骤

第一，在进行市场定位工作之前进行市场细分，选择合适的目标市场。第二，对确定的市场目标进行调查，分析目标市场的现状，确认企业主要的竞争优势和潜在的竞争优势，初步确定市场定位方案。第三，在定位市场上再次进行调查和消费者接受定位程度，有偏差马上纠正。第四，根据消费者偏好变化、竞争者实力变化，再次调整市场定位方案。第五，为使目标消费者了解企业的竞争优势，加强企业宣传的力度，潜移默化地影响消费者，使之熟悉公司，并逐渐接受，以达到强化企业市场定位的目的。

四、任务实训

结合本任务所学知识，请你为以下公司制订一份市场定位报告。

（一）背景资料

蜜雪冰城旗下的咖啡子品牌"幸运咖"，打破了星巴克的"第三空间"概念，抛弃了"精英"气质，让咖啡的场景从"第三空间"跳脱了出来，回归其原本的功能性、习惯性消费中。让任何人只要想喝都能喝得起，且能喝得好，并随时都能喝。

（二）实训要求

根据所学内容，查找咖啡市场和"幸运咖"资料，研究竞争对手，找到目标顾客群，审视企业自身，报告内容要求包含市场定位原则、市场定位策略、市场定位方法、市场定位具体实施步骤。

1. 本次实训以小组为单位，小组成员之间要进行分工合作，注意团队内部成员的协作。
2. 报告结构正确，用词准确。
3. 条理清晰、逻辑严谨、文笔流畅。
4. 报告具有参考性。

（三）实训思路

1. 将学生分成若干工作小组，教师布置实训任务，学生明确实训目的和时限要求。
2. 熟悉市场定位报告的结构。
3. 制订调研时间及进度安排。
4. 将本次调研的内容和分析结果形成书面文字。
5. 对报告进行格式排版。

（四）实训考核

以小组为单位完成"幸运咖"的市场定位报告，掌握市场定位报告的结构，具备对企业市场定位综合思考的能力。

任务三　撰写产品定位报告

产品定位，指的是公司通过发掘产品的卖点，满足目标消费者或者目标消费市场的需求。从理论上来讲，应该先进行市场定位，然后再进行产品定位。而产品定位报告是对目标市场的选择与公司产品结合的过程，也就是将市场定位企业化、产品化的工作。具体写作内容应该包括产品特点分析、市场环境分析、产品准确定位三个方面。

一、任务目标

学会分析产品的特点，对市场环境进行调研，综合分析下能够对产品进行准确定位，掌握产品定位报告的写作技巧，语言准确、格式规范，能够编制产品定位报告。

二、相关知识

（一）产品定位报告的格式

1. 产品的功能属性定位

产品为了满足消费者的某种需求的产品属性。

2. 产品的产品线定位

解决产品在整个企业产品线中的地位，产品需要解决产品线的宽度与深度的问题。

3. 产品的外观及包装定位

产品的外观与包装的设计风格、规格等。

4. 产品卖点定位

提炼出产品独特的销售卖点。

5. 产品的基本营销策略定位

确定产品的基本营销策略，相应的产品价格策略、沟通策略与渠道策略。

（二）产品定位报告的写作技巧

1. 体现产品特色

了解产品特色是否满足市场需求、弥补市场的空缺，产品的销售渠道、销售策略有哪些。

2. 明确产品外观

产品的外观要符合产品自身特点，符合产品定位需求。

3. 突出产品的价值

把产品的功能、特点展现给消费者，满足消费者需求。

4. 突出产品的差异性

产品一定要有差异化，要与类似的产品区分开来。

三、文案范例

××饮料产品定位策划书

一、××饮料的特点

（一）目标市场

××目标市场应该是希望保持身材，害怕过多热量摄入，又喜欢喝饮料的消费群体。

（二）功能定位

××饮料可满足成人日需30％膳食纤维，无糖无热量，口感清爽，消解腻味。

（三）包装定位

包装设计颜色鲜明，外观赏心悦目又便于携带，突出线条感，让人联想到高纤维和好身材的关系，会更刺激消费者的购买欲望。

（四）价格定位

××饮料将功能和价格结合起来，利用自身在消费者心目中良好的美誉度和强大的品牌知名度，开发出能为大众所接受的产品，利润也比普通饮料高出一截。这样既能更多地占领市场份额，又能丰富自己的产品结构。

二、市场环境分析

市场上功能性饮料都是补充维生素、矿物质，补充人体运动时丢失的营养，满足特定人群保健要求的产品。他们有十分鲜明的功能定位、特定的渠道选择和强大的宣传支持，所以能在市场上立足。

三、产品准确定位

通过综合分析，我们的纤维饮料既区别于普通饮料，又和功能性饮料不同，适应人群广泛，产品定价偏高，可以获得更高的利润。为了保证公司能够成功地树立××产品形象，以推动产品的销售，还应该注意以下几点。

1. 差异化的功能定位

××饮料进行差异化功能定位，以区别于市场上其他饮料。

2. 突出××产品所含纤维

之所以重点强调突出××产品含有纤维，不仅是因为能够满足公司制定高价位的需求，而且因为能满足不含过多热量、提供人体每天所需纤维、促进肠道蠕动等诉求的产品，更容易令消费者记住，也更容易抢占市场。

3. 改进包装

考虑到国内消费者的购买心理，在包装设计上，应该突出××产品的功能性、时尚性，以此给人留下深刻的印象。

四、任务实训

结合本任务所学知识，请你为以下产品制订一份产品定位报告。

（一）背景资料

2020年，更健康、安全的物质消费和居家隔离之后所催生出的消费场景促使家庭清洁观念发生了深刻变化。从简单的扫地拖地，到洗地杀菌，传统的扫帚、拖把已经不能满足消费者的需求，具备"吸扫拖洗四位一体"的产品——家用洗地机成为清洁电器领域的最大黑马，增长势头非常迅猛。

××洗地机对中国老百姓的需求进行了深思熟虑。在传统家庭清洁习惯里，除了扫地、吸尘之外，还要再拖一次地，也就是吸一次拖一次，两者合二为一，避开×森定位，满足中高端消费者需求当中不同的点。

××洗地机在吸附地面尘土、头发等异物基础之上，自带滚刷擦地功能。储水箱一边给滚刷供水，机器一边吸污水进污水箱，免去投涮墩布的麻烦，配合专用消毒液，还可以起到边打扫边消毒的作用。大电量，无线设计，一次充电可以搞定150平方米内房间。自清洁功能，每次使用放回底座之后，机器会开始自清洁滚刷头和水路。××洗地机非常适合家里有孩子，不想手工扫地、洗地、拖地的，不想家里太多电器的用户。

（二）实训要求

结合本任务所学知识，认识到产品定位的重要作用。

1. 本次实训以小组为单位，小组成员之间要进行分工合作，注意团队内部成员的协作。
2. 产品定位报告结构正确、用词准确。
3. 条理清晰、逻辑严谨、文笔流畅。
4. 产品定位报告准确、客观。

（三）实训思路

1. 将学生分成若干工作小组，教师布置实训任务，学生明确实训目的和时限要求。
2. 熟悉产品定位报告的结构。
3. 制订调研时间及进度安排。
4. 将本次调研的内容和分析结果形成书面文字。
5. 按照公文写作格式排版。

（四）实训考核

以小组为单位完成××洗地机产品定位，掌握产品定位报告的结构，具备对产品定位统筹思考的能力。

任务四　撰写品牌定位报告

品牌定位就是企业在进行市场定位和产品定位的基础上，对企业的品牌文化和品牌差异进行定位，设计并塑造自己相应的产品、品牌及企业形象。企业的品牌是消费者选购产品的主要依据。品牌是产品与消费者连接的桥梁，有利于企业目标客户的正确认知，品牌定位也就成为市场定位的核心和集中表现。

一、任务目标

掌握品牌定位报告的写作结构及写作技巧，利用 SWOT 分析法从全局上进行分析，提炼出本品牌的核心价值。要求语言准确、格式规范。通过完成本任务，能够撰写品牌定位报告。

二、相关知识

（一）品牌定位报告的格式

1. 背景分析

对于企业背景分析主要采用 SWOT 分析法，即优势、弱势、机会、威胁，分析各个要素。优势、弱势是内部因素的分析，机会、威胁是外部因素的分析。通过从全局上分析企业在资源方面的优势与劣势，把握环境提供的机会，防范可能存在的风险与威胁。

2. 品牌定位

品牌首先必须考虑借助于消费者行为调查，了解目标消费者的需要，必须将自己定位于满足消费者需求的立场上，最终借助多种传播渠道让品牌被消费者接纳。

3. 品牌的核心价值

首先分析同类品牌核心价值，寻找差异，对自己的不同产品寻找共同点，提炼本品牌的核心价值。再结合目标顾客群心理，深入研究竞争品牌和本品牌的优势差异，突出本品牌的特点。

4. 品牌形象推广

利用广播、电视、报刊、互联网等多种渠道，对企业的品牌形象进行一致性推广。强有力的推广、好的品牌创意才能成就好的品牌，品牌形象推广的内容包括传播计划及执行、品牌跟踪与评估等。

5. 品牌策略

品牌策略的核心在于品牌的维护与传播，内容包括品牌建设、品牌营销、品牌可持续发展等。

6. 品牌目标

在品牌目标制订过程中，首先要有前瞻性，找出目标市场的关键驱动力，确定品牌未来走向的核心价值观。对企业在品牌战略实施期间的资金、人力、技术等资源进行评估，如适应品牌目标的要求，可推行品牌战略。

（二）写作技巧

在写作品牌定位文案时，应注意以下两点。

1. 品牌差异化

企业品牌定位如果想成功，占据强有力的市场地位，应该具有和市场上其他品牌有显著差异的一个或几个特征，这种差异可以表现在许多方面，如质量、价格、技术、包装、售后服务等，甚至还可以是脱离产品本身的某种概念，但是要避免陷入"新、奇、特"的误区。

2. 满足目标消费群的需要

消费群有不同类型、不同消费层次、不同消费习惯和偏好，品牌定位要满足目标消费群的特定需要。对市场进行细分，找准市场空隙，细化品牌定位。

三、文案范例

××运动品牌重新定位及形象策划

一、背景分析

××运动品牌是奥运会中国体育代表团的赞助商，××很多领奖服被各国记者评为"最佳领奖装备"。顺利签约众多国际赛事，深度参与北京奥运会让品牌达到巅峰时刻。"奥运热"过后，2010 年运动鞋服市场陷入低迷，国内各品牌均出现了库存积压的问题，××运动品牌通过提高定价和品牌定位来重振销售，定位 90 后群体宣传新的品牌故事，这不仅没有起到有效拉动销售的作用，反而让库存问题更加严重。

二、品牌定位

运动基因＋民族温度＋国潮血液。

三、品牌的核心价值

一切皆有可能。

四、品牌形象推广

（一）广告语

1. 中国新一代的希望

代表着中国新一代体育人的精神。

2. 把精彩留给自己

要把最好的一面显现出来。

3. 我运动我存在

鼓励大家运动起来。

4. 运动之美世界共享

鼓励全民运动。

5. 出色，源自本色

代表体育的自信精神。

6. 一切皆有可能

代表着体育的无限超越精神。

（二）广告方案

方案一

主题：无限活力，无限运动。

广告想法：广告分为四个阶段。少年阶段，穿着××运动品牌鞋赢得全校跑步第一名。青年阶段，同样是身着××运动品牌的运动服装参加比赛站在运动会的领奖台上。中年阶段，同事篮球赛上获得优异的成绩。老年阶段，并没有因为年龄而停止对运动的追求，攀登在山峰上，充满无限活力。

拍摄演员：以普通人来作为广告演员，充分体现××品牌所特有的亲和力（主要面向国人）。

方案二

主题：无限活力，创造奇迹。

广告想法：广告以极度夸张的手法表现××运动品牌的活力。网络传播上广告要足够吸引人，需要相当强的创意。

具体想法：以参加马拉松的运动员由于快要体力不支，穿上××运动品牌后如有神助，取得第一名为主体内容。

五、品牌策略

（一）品牌建设

1. 凝聚运动精神与国民情怀，筑造品牌独有的文化壁垒。

2. 尖端科技＋先锋设计＋成熟迭代，可与头部国际品牌一较高下，公司聚焦核心品类，精简 SKU，品牌功能属性突围。

3. 高标准产品设计提升品牌调性金牌设计师团队形成品牌资产。

4. 品牌人格再升级，语言＋logo 率先抢占消费者对于国潮的认知，成为国潮的最直接的代表。

（二）品牌营销

1. 市场推广与消费者产生共鸣。

2. 体育营销精心构建的系统工程。

3. 专业化之路：立足本土的国际化进程。

四、任务实训

结合本任务所学知识，请你为以下公司制订一份品牌定位报告。

（一）背景资料

凉茶是广东、广西地区的一种由中草药熬制，具有清热去湿等功效的"药茶"。在众多老字号凉茶中，又以王老吉最为著名。王老吉凉茶发明于清朝道光年间，至今已有194 年，被公认为凉茶始祖，有"药茶王"之称。到了近代，王老吉凉茶更随着华人的足迹遍及世界各地。2002 年以前，从表面看，红色罐装王老吉是一个卖得很不错的品牌，在广东、浙南地区销量稳定，盈利状况良好，有比较固定的消费群，红罐王老吉饮料的销售业绩连续几年维持在 1 亿多元。发展到这个规模后，要把企业做大，面向全国消费者，必须对现有品牌进行重新定位。

（二）实训要求

在任务四结论的基础上，认识到品牌定位的重要作用。

1. 本次实训以小组为单位，小组成员分工合作，注意团队内部成员的协作。

2. 品牌定位报告的结构正确、用词准确。

3. 条理清晰、逻辑严谨、文笔流畅。

4. 品牌定位具有可执行性。

（三）实训思路

1. 将学生分成若干工作小组，教师布置实训任务，学生明确实训目的和时限要求。

2. 熟悉品牌定位报告的结构。

3. 将本次调研的背景、品牌定位、品牌的核心价值、品牌形象、品牌策略形成书面文字。

4. 按照公文写作格式排版。

（四）实训考核

以小组为单位完成品牌定位报告，掌握品牌定位报告的结构，具备品牌定位能力。

项目三
产品价格文案

学习目标

知识目标

1. 理解价格策划、成本分析、价格策略的含义。

2. 掌握产品价格的基础知识、价格策划的过程与思路。

3. 掌握成本分析报告的写作结构和写作技巧。

4. 掌握价格定位报告的写作结构和写作技巧。

5. 掌握定价策略报告的写作结构和写作技巧。

技能目标

1. 能够编制成本分析报告。

2. 能够编制价格定位报告。

3. 能够编制定价策略报告。

素质目标

1. 具有工匠精神，树立职业目标。

2. 具有团队精神和协作能力，小组能够分工协作完成任务。

3. 求实、求真，能够整合资料合理编制报告。

4. 具有良好的职业道德和职业操守，树立和培育社会主义核心价值观。

学习导图

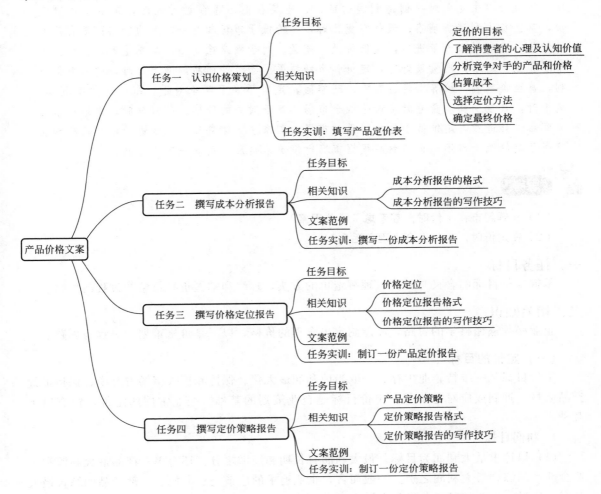

任务一　认识价格策划

价格策划是指企业在一定的竞争环境下，为了实现既定的营销目标，配合其他营销组合和策略，协调处理各种价格关系的活动。它并不局限于产品价格的制定，还包括在一定的经济环境下，为实现既定的营销目标和营销战略而在实施过程中调整价格战略和策略的全过程。因此，企业必须遵循科学的思路，才能制定出合理的价格。

案例导入

×辉超市定价策略

×辉超市是在传统农贸市场向现代流通方式转变过程中培育起来的民营股份制大型企业。生鲜经营是×辉最大的特色：×辉各门店的生鲜经营面积都达到40％以上，而且果、蔬、禽、肉、蛋、鱼等品种一应俱全；在集团总销售额中，生鲜农副产品的销售额占到总销售额的50％以上。

　　×辉超市在生鲜商品定价上，已经形成了自己成熟的定价策略。在促销商品定价中，用低价打击竞争对手创造利润的商品；当某种商品库存量过大时，采取低毛利定价，甚至负毛利清货策略；天气有变化时，定价低于市场和竞争对手的价格；某种产品进货价一直走低，大量进货，定低价做大流量。对于敏感性商品，同质量时价格略低于市场和竞争对手，质量较好时，定价和市场持平。季节性商品，刚上市时，商品取低毛利，甚至负毛利，培养市场占有率；旺季时，定价不高于竞争对手，取一定的毛利率；尾季时，数量少和质量差时定价略低于市场和竞争对手的价格。节假日时，本地风俗应节商品大量进货，定价低于竞争对手和市场；国家法定休息日，大量进货，高敏感和应节商品定价低于市场；正常商品根据市场行情价格稍涨，获取一定的毛利。

思考

　　（1）×辉超市在定价时，都考虑了哪些因素？
　　（2）在定价时，为什么会出现负毛利？

一、任务目标

　　掌握定价目标的含义与种类，理解定价的方法，理解和掌握价格策略的过程与思路。

二、相关知识

　　企业必须遵循科学的思路，才能制定出合理的价格，以下是价格策划的过程与思路。

（一）定价的目标

　　定价目标包括维持企业生存、争取当前利润最大化、保持和扩大市场占有率、保持最优产品质量、抑制或应对竞争等。定价目标是企业策划的基础，企业常用的定价目标有以下几种。

1. 利润目标

　　（1）以追求最大利润为目标　最大利润有长期和短期之分，还有单一产品最大利润和企业全部产品综合最大利润之别。一般而言，企业追求的应该是长期的、全部产品的综合最大利润，这样，企业就可以获得较大的市场竞争优势，占领和扩大更多的市场份额，拥有更好的发展前景。当然，对于一些中小型企业、产品生命周期较短的企业、产品在市场上供不应求的企业等，也可以谋求短期最大利润。最大利润目标并不必然导致高价，价格太高，会导致销售量下降，利润总额可能因此而减少。有时，高额利润是通过采用低价策略，待占领市场后再逐步提价来获得的；有时，企业可以采用招徕定价艺术，对部分产品定低价，赔钱销售，以扩大影响，招徕顾客，带动其他产品的销售，进而谋取最大的整体效益。

　　（2）以获取适度利润为目标　它是指企业在补偿社会平均成本的基础上，适当地加上一定量的利润作为商品价格，以获取正常情况下合理利润的一种定价目标。以最大利润为目标，尽管从理论上讲十分完美，也十分诱人，但实际运用时常常会受到各种限制。所以，很多企业按适度原则确定利润水平，并以此为目标制定价格。采用适度利润目标有各种原因，以适度利润为目标使产品价格不会显得太高，从而可以阻止激烈的市场竞争，或某些企业为了协调投资者和消费者的关系，树立良好的企业形象，而以适度利润为其目标。由于以适度利润为目标确定的价格不仅可以使企业避免不必要的竞争，又能获得长期利润，而且由于价格适中，消费者愿意接受，还符合政府的价格指导方针，因此这是一种兼顾企业利益和社会利益的定价目标。需要指出的是，适度利润的实现，必须充分考虑产销量、投资成本、竞争格局和市场接受程度等因素。否则，适度利润只能是一句空话。

2. 销售额目标

这种定价目标是在保证一定利润水平的前提下，谋求销售额的最大化。某种产品在一定时期、一定市场状况下的销售额由该产品的销售量和价格共同决定，因此销售额的最大化既不等于销量最大，也不等于价格最高。对于需求的价格弹性较大的商品，降低价格而导致的损失可以由销量的增加得到补偿，因此企业宜采用薄利多销策略，保证在总利润不低于企业最低利润的条件下，尽量降低价格，促进销售，扩大盈利；反之，若商品的需求的价格弹性较小时，降价会导致收入减少，而提价则使销售额增加，企业应该采用高价、厚利、限销的策略。采用销售额目标时，确保企业的利润水平尤为重要。这是因为销售额的增加，并不必然带来利润的增加。有些企业的销售额上升到一定程度，利润就很难上升，甚至销售额越大，亏损越多。因此，销售额和利润必须同时考虑。在两者发生矛盾时，除非是特殊情况（如为了尽量回收现金），应以保证最低利润为原则。

3. 市场占有率目标

市场占有率，又称市场份额，是指企业的销售额占整个行业销售额的百分比，或者是指某企业的某产品在某市场上的销量占同类产品在该市场销售总量的比重。市场占有率是企业经营状况和企业产品竞争力的直接反映。作为定价目标，市场占有率与利润的相关性很强，从长期来看，较高的市场占有率必然带来高利润。市场营销战略影响利润系统的分析指出：当市场占有率在10％以下时，投资收益率大约为8％；市场占有率在10％～20％时，投资收益率在14％以上；市场占有率在20％～30％时，投资收益率约为22％；市场占有率在30％～40％时，投资收益率约为24％；市场占有率在40％以上时，投资收益率约为29％。因此，以销售额为定价目标具有获取长期较好利润的可能性。市场占有率目标在运用时存在着保持和扩大两个互相递进的层次。保持市场占有率的定价目标的特征是根据竞争对手的价格水平不断调整价格，以保证足够的竞争优势，防止竞争对手占有自己的市场份额。扩大市场占有率的定价目标就是从竞争对手那里夺取市场份额，以达到扩大企业销售市场乃至控制整个市场的目的。在实践中，市场占有率目标被国内外许多企业所采用，其方法是以较长时间的低价策略来保持和扩大市场占有率，增强企业竞争力，最终获得最优利润。但是，这一目标的顺利实现至少应具备三个条件：①企业有雄厚的经济实力，可以承受一段时间的亏损，或者企业本身的生产成本本来就低于竞争对手。②企业对其竞争对手的情况有充分的了解，有从其手中夺取市场份额的绝对把握。否则，企业不仅不能达到目的，反而很有可能会受到损失。③在企业的宏观营销环境中，政府未对市场占有率作出政策和法律的限制。比如"反垄断法"，对单个企业的市场占有率进行限制，以防止少数企业垄断市场。在这种情况下，盲目追求高市场占有率，往往会受到政府的干预。

4. 稳定价格目标

稳定的价格通常是大多数企业获得一定目标收益的必要条件，市场价格越稳定，经营风险也就越小。稳定价格目标的实质即是通过本企业产品的定价来左右整个市场价格，避免不必要的价格波动。按这种目标定价，可以使市场价格在一个较长的时期内相对稳定，减少企业之间因价格竞争而发生的损失。为达到稳定价格的目的，通常情况下是由那些拥有较高的市场占有率、经营实力较强或具有较强竞争力和影响力的领导者先制定一个价格，其他企业的价格则与之保持一定的距离或比例关系。对大企业来说，这是一种稳妥的价格保护政策；对中小企业来说，由于大企业不愿意随便改变价格，竞争性减弱，其利润也可以得到保障。在钢铁、采矿业、石油化工等行业内，稳定价格目标得到最广泛的应用。

将定价目标分为利润目标、销售额目标、市场占有率目标和稳定价格目标，只是一种实践经验的总结，它既没有穷尽所有可能的定价目标，又没有限制每个企业只能选用其中的一种。由于资源的约束，企业规模和管理方法的差异，企业可能从不同的角度选择自己的定价目标。不同行业的企业有不同的定价目标，同一行业的不同企业可能有不同的定价目标，同一企业在不同的时期、不同的市场条件下也可能有不同的定价目标，即使采用同一种定价目标，其价格策略、定价方法和技巧也可能不同。企业应根据自身的性质和特点，具体情况具体分析，权衡各种定价目标的利弊，灵活确定自己的定价目标。

（二）了解消费者的心理及认知价值

一般来说，消费者会在心目中树立对某一产品的认知价值，并据此判断价格是否合理，假如产品定价不高于其认知价值，就易于为消费者所接受。当然，企业可以通过一些非价格手段，如广告宣传等来提高消费者的认知价值。

另外，企业应针对不同的消费者和消费心理进行价格策划。比如，麦当劳在美国的顾客多为中下阶层，要求就是便宜，所以价位不高；而到了中国，以舶来品的形象采取高价策略，销售业绩可能会很好。

（三）分析竞争对手的产品和价格

竞争对手的产品和价格，是制定产品价格的依据之一，一般来说，要了解消费者对价格的态度，以及他们对本企业产品与竞争对手产品的质量评价，这些可以通过市场调查来进行。当企业的产品与竞争对手的产品质量相当时，价格应该差不多，否则就会失去市场；当企业的产品质量不如竞争对手时，定价就要低一些；当企业的产品质量远超竞争对手时，可以把价格定得高一些，并密切注意竞争对手的反应。

（四）估算成本

商品的最高价格取决于市场需求，最低价格则取决于产品的成本。从长远来看，产品的销售价格必须高于成本费用，以抵偿生产成本和经营费用，否则就会陷入亏本经营的境地。因此，制定产品价格时必须估算成本。

（五）选择定价方法

定价目标、成本因素、需求因素与竞争因素，都是影响价格制定与变动的主要因素。在实际工作中，通常会侧重于考虑某一方面的因素，并据此选择定价方法。

定价方法包括成本导向定价法、需求导向定价法和竞争导向定价法三种。

（1）成本导向定价法　这是一种最简单的定价方法，即在产品单位成本的基础上，加上预期利润作为产品的销售价格，售价与成本之间的差额就是利润。采用这种定价方式，一要准确核算成本，二要确定恰当的利润百分比。

（2）需求导向定价法　即企业在定价时不再以成本为基础，而是以消费者对产品价值的理解和需求强度为依据。比如，一瓶50毫升的香奈儿香水，成本不过十几法郎，售价却高达上百法郎，但消费者仍趋之若鹜。需求导向定价法若运用得当，可以提高企业或产品的身价，增加企业的收益。

（3）竞争导向定价法　即企业通过研究竞争对手的商品价格、生产条件、服务状况等，以竞争对手的价格为基础，确定自己产品的价格。

（六）确定最终价格

为了提高产品的竞争力及对消费者的吸引力，企业应根据自身的经营实力，结合需求变化、竞争态势、政府宏观政策等因素，对产品的价格进行调整。价格的调整方向有升有降，调整时间有长有短，调整幅度有大有小，但都应以市场为依据。

三、任务实训

结合本任务所学知识，查找资料，填写表格，对产品定价思路有深入理解。

（一）背景资料

我国一直是智利产车厘子的消费大国，甚至有消费者用"车厘子自由"来表示自己的收入情况。2019 年车厘子 JJ 等级（26～28mm）的 5 斤整箱在某网站售价为 385 元，某超市零售价格为每斤 98 元。根据表 3-1 数据，确定某大型超市本产品的利润目标，选择定价方法，确定桑提娜 JJ 等级（26～28mm）车厘子的最终价格。

表 3-1　不同情况下车厘子各项价格

项目 价格	车厘子少量到港	车厘子大量到港	不利新闻出现	车厘子出现滞销
进货价/斤	40 元	30 元	25 元	20 元
直播间价格/5 斤	289 元	245 元	199 元	178 元
竞争超市价格/斤	78 元	65 元	58 元	38 元
大型超市利润目标/斤				
大型超市价格/斤				

（二）实训要求

结合背景资料，掌握产品定价的思路，结合实际案例尝试进行定价。

1. 本次实训以小组为单位，小组成员之间要进行分工合作，注意团队内部成员的协作。

2. 调查车厘子竞争对手各个渠道、各个时间段的定价，制订自己的利润目标，尝试确定最终价格。

（三）实训思路

1. 将学生分成若干工作小组，教师布置实训任务，学生明确实训目的和要求。

2. 调查本地车厘子的销售市场，了解消费者的心理及认知值，分析竞争对手的产品和价格。

3. 估算成本，选择定价方法，确定不同阶段的最终价格。

（四）实训考核

进行实地调研，查找资料，根据所给数据填写表格，并能分析定价过程，有理有据。

任务二　撰写成本分析报告

成本分析是利用成本核算及其他有关资料，分析成本水平与构成的变动情况，研究影响成本升降的各种因素及其变动原因，寻找降低成本的途径的分析方法。它是成本管理的重要组成部分，作用是正确评价企业成本计划的执行结果，揭示成本升降变动的原因，为编制成本计划和制定经营决策提供重要依据。

一、任务目标

了解成本分析的重要性，掌握成本分析报告的写作技巧，语言准确、格式规范。通过完成本任务，学生能够编制成本分析报告。

二、相关知识

（一）成本分析报告的格式

一般来说，产品成本分析报告包括以下内容。

1. 标题

简要说明产品类型和名称。

2. 前言

说明产品和市场背景，可略去或包含在正文中。

3. 定价目标

定价目标大致有以下几种：追求盈利最大化，维持或提高市场占有率，实现预期的投资回收率，实现销售增长率，适应价格竞争，保持营业额，稳定价格，维护企业形象。

4. 市场及产品背景分析

分析产品所处的市场背景，可包括整体市场分析、竞争对手分析等。

5. 成本分析

产品成本通常包括技术成本、安全成本、配送成本、客户成本、法律成本和风险成本等。通过表格或者数据来说明产品在生产和销售过程中所产生的所有成本，可包含成本降低建议等内容。

6. 意见与建议

成本分析报告是从影响成本诸要素的分析入手，找出影响总成本升高或下降的主要原因，并针对原因提出控制成本的措施，以供领导决策参考。

（二）成本分析报告的写作技巧

成本分析报告一般由标题、数据表格、文字分析说明三部分组成，编写成本分析报告时，首先应掌握成本资料，采用适当的方法进行分析，然后再编写报告。分析时可先用对比分析法，将成本的实际水平与计划比、与去年同期比、与历史最高水平比、与同行业先进水平比、与国际国内先进水平比，实施对比分析后，可将对比分析的结果再采用因素分析法，找出问题产生的原因，尤其是主要原因，然后采用关联分析法或相关分析法来认识并归纳这些问题之间的内在联系，多总结规律，说明问题就可以了。

注意，在成本分析中，要有强有力的数据说明。数据表格的一般内容有原料成本表、工费成本表、分品种的单位成本等。文字分析说明重在以表格数据为基础，查明导致成本升高的主要因素。影响产品成本的因素包括：建厂时固定资产的固有因素、宏观经济因素、企业经营管理因素、生产技术因素。如果是对外的成本分析报告，那就要根据报送对象的不同而改变成本分析的内容。

三、文案范例

××楼盘景观成本分析报告

一、项目概况

小区占地面积为 18 万平方米，总建筑面积约 47 万平方米，园区绿化率约 50%，由 32 幢 10～28 层的小高层、高层住宅楼组成。开发建设分三期，其中：

一期（西南块）建筑面积约 18.87 万平方米，1079 户，于 2004 年 10 月交付；

二期（东南块）建筑面积约 13.7 万平方米，737 户，于 2005 年 11 月交付；

三期（北块）建筑面积约 14.7 万平方米，815 户，于 2007 年 8 月交付。

每期带一地下车库，车位比例一期较低，约为 50%，二、三期较高，约为 100%，统算车位比例约为 70%。

整个小区围绕中心广场（含会所、游泳池），共分为 5 个独立组团，组团高出地坪约 1.7 米，错落出 3 个层次、功能用途不同的立体自然空间。组团四周由沥青车道、景观消防车道与主入口、次入口及地下车库入口（共 10 个出入口）相连，车辆进出便利畅通。每幢住宅均设 2 个自行车库入口，入口做法与汽车库基本类似，只是尺寸略小。考虑到车辆可能随时经过住宅楼时带来噪声、尾气污染等问题，开发商在设计上采取三个措施：

① 住宅楼高出道路约 1.7 米；

② 与道路之间用乔木、灌木、绿地相隔约 3 米；

③ 车库入口架设钢化玻璃顶，四周及顶面用可伸展的灌木、植物覆盖，增加美观、隔离效果。

组团各自的中心位置布置由或大或小的中心景观休息区，如水景、雕塑小品、休息桌椅板凳、游乐健身器材组成，方便住户使用。

中心广场经新月形坡面和隐形轴围绕串联，整个小区的中心景观广场低于地面约 5 米，会所、花园、游泳池、网球场掩映于绿林水景之中，为全体住户提供一个交流、休憩、娱乐健身的理想场所，而且周围的业主在家里即可欣赏其景。

二、成本分析

（一）总体分析

本项目园林景观工程分为硬景和软景两个部分，硬景（含园林土建、水景、水电及附属设施）面积约为 35000 平方米；软景（苗木绿化）面积约为 60000 平方米。经估算造价为 5468 万元。总景观面积约为 95000 平方米，折合 575 元/m²。

由测算分析可知，造价比例相对较高的为：绿化费 37%，道路建造费 19%，特色铺装、小品、凉亭等其他构件 11%，水景 8%，室外照明水电 6%，此五项合计占造价的 81%，是成本控制中应重点关注部分。总体分析表详见表 3-2。

表 3-2　总体景观成本分析

项目名称		景观面积/m²	景观造价/万元	施工单价/(元/m²)	所占面积比例/%	所占造价比例/%
××		95000	5468	575	100	100
其中	硬景	35000	3435	981	36.8	63
	软景	60000	2033	339	63.2	37

（二）分类分析

1. 软景

软景部分造价为 2033 万元，其中：成本投入量最大的为中等乔木，约占绿化部分投入成本的 35%，成本投入量第二的为小灌木，投入比例为 16.03%，成本投入量第三的为大乔木及名贵树种费用，约占绿化部分投入成本的 15%，以上三个部分投入比例合计约为 66%，占绿化成本的一半以上，也是重点关注区域。

软景绿化部分详见表 3-3、表 3-4、表 3-5。

表 3-3　绿化汇总比较

序号	名称	合计/万元	占绿化费比/%	占总费用比/%	单价/(元/m²)	备注
1	绿化总面积(60000m²)	2033	100	/	/	
2	大乔木及名贵树费用	315	15.49	5.76	681	
3	中等乔木费用	709	34.89	12.97	307	
4	小乔木费用	88	4.32	1.6	116	
5	大灌木费用	24	1.18	0.44	60	
6	中等灌木费用	16	0.79	0.3	153	
7	小灌木费用	326	16.03	5.96	98	
8	地被费用	36	1.76	0.66	60	
9	草坪费用	121	5.95	2.21	44	
10	绿化土方费用	222	10.91	4.06	32	
11	绿化设计变更费用	176	8.68	3.22	29	占苗木及绿化土方费用的 9.5%

表 3-4　软景绿化分析

项目名称		景观面积/m²	景观造价/万元	单方指标/(元/m²)	所占面积比例/%	所占造价比例/%
××城		95000	5467	575		
软景		60000	2032	339	100	100
其中	大乔木以及名贵树	4623	315	681	7.7	15.5
	中等乔木	17000	709	417	28.3	34.9
	小乔木	5590	88	157	9.3	4.3
	大灌木	3994	24	60	6.7	1.2
	中等灌木	1049	16	153	1.7	0.8
	小灌木	3203	326	247	5.3	16
	地被	3968	36	91	6.6	1.8
	草坪	20573	121	114	34.2	6
	绿化土方	69300	222	32		10.8
	绿化变更	60000	176	29		8.7

表 3-5　前十类大量苗木品种成本投入分析

序号	苗木名称	苗木数量/m²	苗木单价/(元/m²)	苗木总价/万元	占绿化造价分配比例/%
1	香樟	632	2450	154.84	7.62
2	丛生金桂	238	5600	133.28	6.56
3	柑橘树	289	3780	109.242	5.38
4	银杏 B	267	3500	93.45	4.60
5	重瓣樱花	171	4200	71.82	3.53
6	银杏 A	70	8780	61.46	3.02
7	乐昌含笑	462	1300	60.06	2.96
8	海枣	3	150000	45	2.21

序号	苗木名称	苗木数量/m²	苗木单价/(元/m²)	苗木总价/万元	占绿化造价分配比例/%
9	垂丝海棠	267	1680	44.856	2.21
10	西府海棠	125	3450	43.125	2.12
	合计	2524		817.133	40.21

此项目树木的品种多样，营造出不同的效果。

2. 硬景

硬景部分造价为3435万元，面积约为35000平方米。占总造价的63%，按景观总面积计算，折合361元/m²。按硬景部分面积计算，折合981元/m²。

硬景分析详见表3-6和表3-7。

表3-6 硬景分析

项目名称		景观面积/m²	景观造价/万元	单价/(元/m²)	所占面积比例/%	所占造价比例/%
××城		95000	5468	575		
硬景		35000	3435	981		
其中	水景	3000	462	1540	8.6	8.5
	道路	30000	1075	358	85.7	19.7
	特色铺装		373	39		7
	室外照明及水电		308	32.4		5.6
	大门		24	2.5		0.4
	网球场	2000	70	7.4	5.7	1.3
	其他构件		253	26.6		4.6
	游乐设施		97	10		1.8
	围墙		187	19.7		3.4
	零星设施		392	41.3		7.2
	变更费用		194	20.4		3.6

表3-7 道路分析

名称	施工单价/(元/m²)	总金额/万元	成本投入比例/%	覆盖面积/m²	覆盖面积比例/%
沥青道路	408	449.82	41.9	11000	36.7
消防车道	468	274.32	25.5	5860	19.5
花岗岩人行道	268	105.13	9.8	3922	13.1
水刷石人行便道	238	145.14	13.5	6090	20.3
地上停车场	328	95.84	8.9	2922	9.7
汀步	220	4.54	0.4	206	0.7
合计		1074.79	100	30000	100

3. 特色铺装、雕塑、凉亭等构件

特色铺装种类较多，有廊架、木地台、水景墙、旱景墙、台阶等内容，其做法多样，结合所处的环境及功能使用要求而为。特色铺装结合小品、凉亭等其他构件对整个景观绿化环境起到了"集中点题"、提升整体档次的作用。特色铺装造价折合景观总面积为39元/m²。

此部分可依不同的地形、设计理念予以增减。详见表3-8、表3-9、表3-10。

表3-8　特色铺装分析

名称	施工单价/(元/m²)	总金额/万元	成本投入比例/%	覆盖面积/m²	覆盖面积比例/%
廊架	1000	30	8.1	300	10
木地台	850	55.26	14.8	650	21.7
水景墙	70000	7	1.9	1	
旱景墙	50000	5	1.3	1	
自行车入口挡墙	5500	28.05	7.5	51	
汽车入口挡墙	600	81	21.7	1350	
入口铺装	580	15.66	4.2	270	9
圆形铺装	680	62.89	16.9	924.84	30.9
台阶（游泳池旁）	480	24	6.4	500	16.7
台阶（单元入口）	560	19.6	5.3	350	11.7
树池、花坛	850	44.2	11.9	520	
合计		372.66	100	4918	100

表3-9　建筑小品分析

名称	施工单价/(元/m²)	总金额/万元	成本投入比例/%	覆盖面积/m²	备注
雕塑1	60000	6	0.9	1	
雕塑2	150000	15	2.3	1	
凉亭1	480000	48	7.3	1	
凉亭2	630000	63	9.6	1	
凉亭3	450000	45	6.9	1	
水景（大）	1300	49.4	7.5	380	
水景（小）	900	5.4	0.8	60	
水景铺贴	500	55	8.4	1100	
游泳池	1600	303.6	46.2	1897.5	
喷泉及设备	1100	48.4	7.4	440	
小品	2800	17.92	2.7	64	
合计		656.72	100	3946.5	

表3-10　主要景观成本分配

项目名称	面积/m²	硬景/万元	所占造价比例/%	软景/万元	所占造价比例/%	所占面积比例/%	合计占造价比例/%
主入口部分	4000	430	8	172	3	4.2	11
会所周边景观部分	6000	820	15	182	3	6.3	18
宅间景观部分	53000	1209	22	1674	31	55.8	53
小计	63000	2459	45	2028	37	66.3	82

4．围墙

围墙造价折合景观总面积为 20 元/m²。

5．网球场

网球场造价折合景观总面积为 7.3 元/m²。

（三）主要景观成本分配

本部分造价占整个景观造价的 82%，其中主入口及会所周边景观所占面积仅为总面积的约 11%，但造价比例却占总造价的 29%，此部分为整个小区景观的重点，设计及布局方案要能使人眼前一亮，增加小区卖点。

1．主入口部分景观成本分析（表 3-11）

表 3-11　主入口部分景观成本分析

名称		面积/m²	面积比例/%	成本/万元	单价/(元/m²)	成本投入比例/%
硬景		3700	92.5	430	1162	71.4
软景		300	7.5	172	5733	28.6
其中	大乔木	300	7.5	157	5233	26.1
	变更费用	300		15	500	2.5

这部分景观面积约为 4000m²，硬景包括凉亭、水景、水景墙、圆形铺装、景石、水电、雕塑、标志系统、大门等，软景包括行道树（银杏、香樟、橘子树、广玉兰等）。主入口造价约为 602 万元，占总造价比例为 11%，折合主入口面积为 1505 元/m²，折合景观总面积为 63 元/m²。其中硬景约为 430 万元，折合主入口面积为 1075 元/m²，折合景观总面积为 45 元/m²；软景约为 172 万元，折合主入口面积为 430 元/m²，折合景观总面积为 18 元/m²。

2．会所周边景观部分成本分析（表 3-12）

表 3-12　会所周边景观部分成本分析

名称		面积/m²	面积比例/%	成本/万元	单价/(元/m²)	成本投入比例/%
硬景		5000	83	820	1640	81.8
软景		1000	17	182	1820	18.2
其中	中小乔木	300	5	112	3733	11.2
	灌木	400	7	8	200	0.8
	草坪地被	300	5	16	533	1.6
	土方造型	1000		30	300	3
	变更费用	1000		16	160	1.6

这部分景观面积约为 6000m²，硬景包括水景、水系、圆形铺装、景石、水电、假山、游泳池、木平台、台阶、人行便道等，软景包括行道树（特大海枣、香樟、橘子树、樱花、桂花、合欢、马褂木等）。会所周边景观造价约为 1002 万元，占总造价比例为 18%，折合会所周边景观面积为 1670 元/m²，折合景观总面积为 105 元/m²。其中硬景约为 820 万元，折合会所周边景观面积为 1367 元/m²，折合景观总面积为 86 元/m²；软景约为 182 万元，折合会所周边景观面积为 303 元/m²，折合景观总面积为 19 元/m²。

3．宅间景观部分成本分析（表 3-13）

这部分景观面积约为 53000m²，硬景包括水景、廊架、自行车库入口、汽车入口、圆形铺装、景石、水电、背景音乐、台阶、汀步、人行道、人行便道、游乐设施、健身器材等，软景包括行道树（榉树、香樟、银杏、橘子树、樱花、桂花、合欢、乐昌含笑、红叶李、西府海棠、垂丝海棠、广玉兰、马褂木等）。宅间景观造价约为 2883 万元，占总造价比例为 53%，折合宅间景观面积为 544 元/m²，折合景观总面积为 303 元/m²。其中硬景约为 1209 万元，折合宅间景观面积为 230 元/m²，折合景观总面积为 130 元/m²；软景约为 1674 万元，折合宅间景观面积为 315 元/m²，折合景观总面积为 180 元/m²。

表 3-13　宅间景观部分成本分析

名称		面积/m²	面积比例/%	成本/万元	单价/(元/m²)	成本投入比例/%
硬景		3000	5.7	1209	4030	41.9
软景		50000	94.3	1674	335	58.1
其中	大乔木			158		5.5
	中小乔木			685		23.8
	灌木	5000	9.4	30	60	1
	草坪地被	45000	84.9	467	104	16.2
	土方造型	50000		191	38	6.6
	变更费用	50000		143	29	5

三、小结

（一）项目绿化的特点

（1）在没有坡地的条件下人工造出坡地，给人浑然天成的感觉。同时，土方需要量自然变大，引起成本提高。

（2）绿化占地面积达到项目总用地的 50%，极大满足了人们对环境的美好追求。

（3）按照绿化效果的优化植物配置有 5~6 个层次，高大乔木、中等乔木、小乔木、大灌木、地被、花卉、藤本植物交错搭配。

（4）充分利用植物的优点软化硬质的构筑物，如在挡墙边种植大量的垂挂植物如迎春、紫藤、凌霄、扶芳藤、藤本月季等。

（5）利用景石配置在绿地中充分营造回归自然的感觉。

（6）在施工过程中严格要求必须全冠苗木，充分保留苗木的原有形态，在选用苗木时，由专业工程师挑选优质苗木。

（7）细节体现项目的高水平管理，在细节中达到景观效果的最大化，如在自行车库入口大量栽植迎春、云南黄素馨、凌霄、紫藤等植物，给人以"山重水复疑无路，柳暗花明又一村"的感觉。

（8）人性化配置植物，落叶与常绿交错搭配，四季鲜花绽放，楼房边种植大量高低错落的植物，增加人的私密性，同时弱化楼房构筑物的硬度。

（9）常言道"三分种，七分养"，对于绿化工程而言，绿化效果很大部分取决于它有一支高养护水平的队伍。

（二）在绿化工程中应注意的问题

（1）质量第一、绿化效果第一。在增加绿化工程造价有限的条件下，绿化效果最大的优化，能快速提升一个项目的盈利。在项目最初整体规划方案设计时，就要考虑到绿化景观工程的布局问题，如出入口的设置、道路的布置、分期开发等问题。

（2）尽量选择乡土及适合本地的植物。那些热带植物如海枣并不能在本地生长得很好，一副病恹恹的形态，绿化效果能好到哪去呢？所以在本地区的项目不能完全照搬南方模式，要根据本地区的气候、土质条件等因素选择适合本地的苗木，否则，花高价引入的苗木在小区存续的几十年间无法长期存活、繁茂，达不到预期的效果。树种选择正确，会起到画龙点睛的效果，相反则会得不偿失。

（3）施工过程必须按照先后顺序进行，道路、管网、构筑物没有完成时就进行绿化施工，绿化效果出来时又"开膛破肚"，绿化效果就无法保证，这也是本末倒置的做法。这要求组织好施工工序，协调各工种的配合，还要选择好苗木的种植季节，在保证整体售房、交房时间要求的同时，减少苗木额外养护费用和死苗重栽的发生，以合理降低成本及不影响园林绿化景观效果。

四、成本分配建议

（一）苗木选择

在绿化成本比例和各树种的搭配上，在注重效果一致的前提下，选用质量好、价格低的树种，可以节省费用。

行道树选择：主要道路选用乐昌含笑代替香樟作为行道树，成本下降40%。

主入口广场及会所周围道路行道树不选用大银杏（胸径30～32cm）及大榉树（胸径20～22cm），而用嫁接银杏（胸径18～20cm）和朴树（胸径15～16cm），成本能下降40%；3株特大海枣（棕高4.5m、胸径53～55cm）选用古香樟（胸径63～65cm、高7～8m、冠径7～8m），成本下降40%。

花岗岩车行道的行道树香樟（胸径14～15cm、高4～5m、冠径3～3.5m）换成乐昌含笑（胸径14～15cm、高4～5m、冠径3～3.5m），成本下降30%。

大灌木多选用冠径在2.6～3.0m的大叶黄杨球、海桐球、小叶女贞球、金叶女贞球、木槿、孝顺竹、佛肚竹、红继木球、刚竹等比石楠球、南天竹、含笑球、垂丝海棠、西府海棠好得多，成本下降30%。

丛生金桂使用四季桂代替，成本下降30%。

小灌木的面积小于绿化面积的25%，增加草坪面积，成本能下降20%。

（二）养护费用

选择一个好的施工队伍和养护队伍非常关键，它能决定最后的绿化效果如何。这里所指好的施工队伍并不是指这个施工单位资质有多高，以前项目做得有多多，这里强调的是这个单位做的精品有多少，特别要强调这个单位的养护水平，绿化从来都是"三分种，七分管"。

四、任务实训

业主质疑××物业公司的物业收费不合理，结合本任务所学知识，请你为××物业公司撰写一份成本分析报告。

（一）背景资料

××物业管理成本测算表

1. 人工成本

序号	部门	岗位	人数	工资/(元/月)	工资/(元/年)	福利/(元/年)	社保/(元/年)	备注
1	服务中心	经理	1	4500	54000	1750	16200	
		厨师	1	1500	18000	1200	5400	
2	客服部	主管	1	3200	38400	1750	11520	
		前台接待	2	1800	43200	2400	12960	
		贴心管家	2	1800	43200	2400	12960	

续表

序号	部门	岗位	人数	工资/(元/月)	工资/(元/年)	福利/(元/年)	社保/(元/年)	备注
3	秩序部	队长	1	2000	24000	1200	7200	
		班长	3	1800	64800	3600	19440	
		监控室	3	1700	61200	3840	18360	
		车库北岗	3	1700	61200	3840	18360	
		车库南岗	3	1700	61200	3840	18360	
		东岗	3	1700	61200	3840	18360	
		巡逻岗	3	1700	61200	3840	18360	
		机动岗	4	1700	81600	3840	24480	
4	维修部	班长	1	2000	24000	1200	7200	
		维修员	3	1700	61200	3840	18360	
5	环境部	保洁班长	1	1400	16800	1200	5040	
		园区保洁	4	1200	57600	5120	17280	
		外围保洁	2	1200	28800	2560	8640	
		机动	2	1200	28800	2560	8640	
6	合计		43		890400	53820	267120	
7	共计				1211340			

2. 工装

序号	部门	岗位/人数	夏装（2套）	春秋装（2套）	冬装（1套）	合计/元	年度折旧/元	备注
1	客服中心	经理	300	800	400	1500	750	
		接待\管家\客服\厨师共6人	300	400	300	6000	3000	工装按2年折旧计
2	秩序部	23	200	300	140	14720	7360	
3	维修工	4	200	300	140	2560	1280	
4	环境部	9	200	300	140	5760	2880	
5	合计	43					15270	

3. 行政办公费用

序号	名称	数量	金额/元	合计/(元/年)	备注
1	打印纸	12月	40	480	
2	笔、本、文件夹	12月	50	600	
3	打印机加墨	12月	30	360	
4	其他办公用品	12月	80	960	
5	业务招待费	12月	500	6000	
6	通信费	12月	300	3600	
7	共计			12000	

4. 日常工程维修材料及易耗品费用

序号	物品名称	单位	数量/年	单价/元	合计/(元/年)	备注
1	一字螺丝刀	套	8	50	400	
2	十字螺丝刀	套	8	50	400	
3	尖嘴钳	把	8	15	120	
4	老虎钳	把	8	15	120	
5	卷尺	把	8	10	80	
6	电笔	个	8	10	80	
7	电工胶布	卷	60	2	120	
8	铆钉	盒	6	8	48	
9	水泥钉	盒	10	6	60	
10	生料带	卷	50	2	100	
11	裁纸刀	把	20	5	100	
12	裁纸刀片	盒	10	6	60	
13	手套	双	96	2	192	
14	扎带	包	5	9	45	
15	油漆	公斤	10	10	100	
16	油漆刷	个	10	4	40	
17	砂布	片	30	2	60	
18	合计				2125	

5. 清洁绿化费用

序号	物品名称	单位	数量/年	单价	合计/(元/年)	备注
1	毛巾	条	108	5	540	平均每月每人用2条
2	不锈钢油	公斤	120	15	1800	
3	大垃圾袋	个	3600	0.4	1440	
4	小垃圾袋	小	3600	0.2	720	
5	橡胶手套	双	54	3	162	每人每2月1双
6	镘子	把	18	5	90	每人每年2把
7	洗洁精	公斤	240	6	1440	按每月20公斤计
8	消杀药				600	按每月50元计
9	生活垃圾清运				15600	按每月1300元计算
10	化粪池清理				4800	共800立方米,按每年清理1次,4800元计
11	绿化维护费	绿化按1万平方米计算,含用水、人工、改造等费用,按每年6元/平方米计			60000	
12	共计				87192	

6. 安保费用

序号	物品名称	单位	数量	单价	合计	备注
1	保安宿舍租金	月	12	1100	13200	保安包吃住
2	宿舍水费	月	12	140	1680	
3	宿舍电费	月	12	200	2400	
4	合计				17280	

7. 公共区域能耗

序号	项目	计算公式	金额/(元/年)	备注
1	住宅电梯	280kW×0.7(功率因数)×0.15(使用系数)×24小时×365天×0.72元	185431.7	
2	二次加压供水	40.5kW×0.7(功率因数)×0.2×24小时×365天×0.72元/度	35761.82	
3	住宅地下室排污泵	28kW×24小时×0.72元/度	483.84	
4	地下车库排污泵	37台×2.2kW/2×12小时×0.72元/度	351.6	
5	消防系统	239kW×12小时/年×0.72元/度(含消火栓泵、喷淋泵、风机)	2064.96	
6	景观照明灯具	12kW×8小时×365天×0.72元/度	25228.8	
7	楼道及车库公共照明	10kW×10小时×365天×0.72元/度	26280	
8	消防灯具	27kW×20小时/年×0.72元/度	388.8	
9	水系	20kW×6小时×365天×0.72元/度	31536	
10	其他公用水电	如道闸、管理处、保安岗亭、工程维修等用电,按每月2000元计	24000	
11	线损	第一年:655户×180元/月×2%线损×40%入住率=943.2元/月, 第二年:655户×180元/月×2%线损×60%入住率=1414.8元/月, 第三年:655户×180元/月×2%线损×80%入住率=1886.4元/月	16977.6	供电局只抄总表,不抄表入户,存在线损,按每户每月平均用电180元计算
12	合计		348505.12	

8. 设备维护保养费

序号	项目	金额/(元/年)	备注
1	电梯维保费	50400	按每梯每月450元计,第一年由施工单位维修保养,第二、三年收费,平摊至每个月计算(450×14×12×2/3)
2	电梯年检费	4200	按每梯每年300元计
3	公共照明设备	1200	按每月更换材料费用100元计
4	监控系统	800	按每月提取100元维修费用计,第一年由施工单位维修保养,第二、三年收费(100×12×2/3)
5	门禁系统	600	每月按50元维保费用计

续表

序号	项目	金额/(元/年)	备注
6	消防系统	1200	按每月100元维保费用计
7	公共设施	2400	按每月200元维保费用计
8	合计	60800	

9. 总收入测算表（住宅：每月 1.4 元/m^2，商铺：每月 1.8 元/m^2）

项目		计算公式	金额
物业管理费	年均物管费按95%的收缴率计算	$(1.4×100194.3+6129×1.8)×12$ 月$×95\%$	1724868.11
车位费	第一年	329个×30%（车位使用率）×50元/月（车位管理费）×12月+329×15%（车位使用率）×120元/月（车位使用费）×12月	130284
	第二年	329个×50%（车位使用率）×50元/月（车位管理费）×12月+329×20%（车位使用率）×120元/月（车位使用费）×12月	193452
	第三年	329个×60%（车位使用率）×50元/月（车位管理费）×12月+329×25%（车位使用率）×120元/月（车位使用费）×12月	236880
	平均每年	(130284+193452+236880)/3	186872
收入总合计		1724868.11+186872	1911740.11
税费		1911740.11×6.6%	126174.85

10. 总支出费用汇总表

序号	项目	金额/(元/年)	占管理费收入中的比例	备注
1	人工成本			
2	工装			
3	行政办公费用			
4	日常维修费用			
5	清洁绿化费用			
6	安保费用			
7	公共区域能耗			
8	设备维护保养费			
9	社区文化活动费	14000		
10	不可预见费	16383.88		
11	管理佣金	132374.88		
12	税费			
13	合计			

注：总收入－总支出=1911740.11元/年－1911852.34元/年=－112.23元/年，所以物业管理费按住宅：每月 1.4 元/m^2，商铺：每月 1.8 元/m^2 是合理的。

（二）实训要求

学习本任务后，认识到成本分析报告在各行各业的重要性，学会撰写成本分析报告。

1. 本次实训以小组为单位，小组成员分工合作，注意团队内部成员的协作。
2. 成本分析报告结构正确，用词准确。
3. 条理清晰、逻辑严谨、文笔流畅。
4. 成本分析报告具有可参考性。

（三）实训思路

1. 将学生分成若干工作小组，教师布置实训任务，学生明确实训目的和时限要求。
2. 熟悉成本分析报告的结构。
3. 根据所给材料，选择有用的数据进行分析，得出结论，给出建议与意见。
4. 按照公文写作格式排版。

（四）实训考核

以小组为单位完成成本分析报告，掌握成本分析报告的结构，对数据分析后得出正确结论。

任务三　撰写价格定位报告

企业的价格定位并不是一成不变的，在不同的营销环境下，在产品的生命周期的不同阶段上，在企业发展的不同阶段，价格定位可以灵活变化。比如采取大幅度降价措施，可看作是对价格的重新定位，能大大提高市场占有率，并有力地抑制竞争对手。由此可见，现代市场上的价格大战实质上是企业之间价格定位策略的较量。

一、任务目标

掌握价格定位的含义，明确价格定位报告的写作结构。通过完成本任务，能够撰写价格定位报告。

二、相关知识

（一）价格定位

1. 定义

所谓价格定位，就是把产品、服务的价格定在一个什么样的水平上，这个水平是与竞争对手相比较而言的。价格定位一般分为三种情况：一是高价定位，即把不低于竞争产品质量的产品价格定在竞争对手的产品价格之上。这种定位一般是借助良好的品牌优势、质量优势和售后服务优势。二是低价定位，即把产品价格定得远远低于竞争对手。这种定位的产品质量和售后服务并非都不如竞争对手，有的可能比竞争对手更好。之所以采取低价策略，要么是具有绝对的低成本优势，要么是企业形象好、产品销量大，要么是出于抑制竞争对手、树立品牌形象等战略性考虑。三是市场平均价格定位，即把价格定在市场同类产品的平均水平上。

2. 定价方法

（1）采用成本加成定价法

确定合理的成本利润率是一个关键问题，而成本利润率的确定必须考虑市场环境、行业特点等多种因素。某一行业的某一产品在特定市场以相同的价格出售时，成本低的企业能够获得较高的利润率，并且在进行价格竞争时可以拥有更大的回旋空间。

在用成本加成方式计算价格时，对成本的确定是在假设销售量达到某一水平的基础上进行的。因此，若产品销售出现困难，则预期利润很难实现，甚至成本补偿也变得不现实。但是，这种方法也有一些优点：首先，这种方法简化了定价工作，便于企业开展经济核算。其次，若某个行业的所有企业都使用这种定价方法，他们的价格就会趋于相似，因而价格竞争就会减到最少。再次，在成本加成的基础上制定出来的价格对买方和卖方来说都比较公平，卖方能得到正常的利润，买方也不会觉得受到了额外的剥削。成本加成定价法一般在租赁业、建筑业、服务业、科研项目投资以及批发零售企业中得到广泛的应用。即使不用这种方法定价，许多企业也多把用此法制定的价格作为参考价格。

（2）目标收益定价法

又称投资收益率定价法，是根据企业的投资总额、预期销量和投资回收期等因素来确定价格。与成本加成定价法类似，目标收益定价法也是一种生产者导向的产物，很少考虑到市场竞争和需求的实际情况，只是从保证生产者的利益出发制定价格。另外，先确定产品销量，再计算产品价格的做法完全颠倒了价格与销量的因果关系，把销量看成是价格的决定因素，在实际上很难行得通。尤其是对于那些需求价格弹性较大的产品，用这种方法制定出来的价格无法保证销量的必然实现，那么，预期的投资回收期、目标收益等也就只能成为一句空话。不过，对于需求比较稳定的大型制造业、供不应求且价格弹性小的商品、市场占有率高、具有垄断性的商品，以及大型的公共事业、劳务工程和服务项目等，在科学预测价格、销量、成本和利润四要素的基础上，目标收益定价法仍不失为一种有效的定价方法。

（3）边际成本定价法

是指每增加或减少单位产品所引起的总成本的变化量。由于边际成本与变动成本比较接近，而变动成本的计算更容易一些，所以在定价实务中多用变动成本代替边际成本，所以边际成本定价法也可称为增量分析定价法。

在企业经营中，增量分析定价法大致适用于三种情况。

① 企业是否要按较低的价格接受新任务。

② 为减少亏损，企业可以通过降价争取更多任务。

③ 企业生产互相替代或互补的几种产品。

（二）价格定位报告格式

一般来说，价格定位文案包括以下内容。

1. 公司简介

简单介绍公司的性质、规模、主要产品、取得的成绩与荣誉等。

2. 优劣势分析

包括有利因素、不利因素、产品分析、行业分析。

行业分析包括行业概述、行业发展的历史回顾、行业发展的现状与格局分析、行业发展趋势分析、行业的市场容量、销售增长率现状及趋势预测、行业的毛利率、净资产收益率现状及发展趋势预测等。

3. 销售分析

主要包括销售收入结构分析、销售收入对比分析、成本费用分析、利润分析等。

4. 定价预测

主要包括两个方面：对影响未来时期社会各类商品价格变动的各种因素的预测；对未来时期各种商品价格变动将会造成的影响的预测。

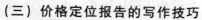
（三）价格定位报告的写作技巧

在考虑价格定位的可行性时，应注意以下几个问题。

（1）目标市场的顾客对产品价格的敏感程度认定。

（2）预期的价格定位是什么。

（3）产品成本的特点能否支持这种价格定位。

（4）产品的其他特征，尤其是质量，能否与价格定位相匹配。

三、文案范例

××公司产品定价分析报告

一、公司简介

××公司主要经营产品包装盒和包装袋，是目前中国最大的包装生产厂家。公司的年产量规模和经济效益连续多年位居中国包装行业的前列，20××年，××公司被相关认证机构认证为高新技术企业，其后又被评为全国优秀高新技术企业，更是中国100家大型科技公司之一。

二、基本情况

1. 有利因素

公司所属的包装行业，属于绿色环保包装范畴，是目前国际市场的发展趋势。据调查，在市场上，绿色环保包装更容易受到消费者的喜爱和国家的支持，而我国的消费者心理也在日益成熟，对于绿色环保的意识也越来越强，特别是一些保护环境的慈善或者公益事业，也都纷纷使用和宣传公司的产品，因此，整个行业的发展前景相对较好。而且公司严格控制产品成本，原材料都是由合作公司提供，享受很多的优惠服务。另外，公司的产品回收工作也相对较成熟，回收工艺也非常先进，每年的生产废料不超过×吨，低于全国平均水平的15%，这样既保证公司的成本较低，又符合公司绿色环保的理念。

2. 不利因素

随着中国加入WTO，很多外资企业也随之涌入我国市场，公司的生产能力和速度与外资企业相比明显不足，规模效益不够明显。而一直以来，公司的资金运转就不够灵活，常常负债经营，因此，在目前这样的市场竞争之下，公司所经营的产品在短时间内很难有较高的盈利。

3. 产品分析

公司属于包装行业，成长空间较大，主要的包装产品在经济发展较好的城市销售较好，特别是在一线城市，产品拥有一定的性价比优势。

三、行业分析

包装盒的原材料为纸板，而造纸行业属于国民经济的基础原材料产业，与人民的生活息息相关，其增长速度高于整个国民经济的平均增长水平。我国一直是造纸大国，但也是消费大国，在纸板总量上一直是供不应求。根据国家相关机构的统计，每年我国对于纸和纸板的需求消费总量高达××万吨，位居世界第二，但是我国每年人均消费量为××千克，低于世界人均消费水平的一半。因此，我国非常重视造纸行业的发展，提出一系列优惠政策，希望能够促进造纸行业的良性发展。但是这种优惠政策却给公司带来了威胁，近年来，很多大纸厂都在进一步扩大规模，提高自身的产品质量并不断降低产品成本，使得纸板行业的竞争越来越激烈，对于公司的影响也越来越大。但是，同样的，各种政策的出台，也使得纸板行业有着巨大的发展空间和潜力。

四、公司主要产品销售分析

据调查，自20××年起，公司的主要产品每年销售量为××万吨，销售量和销售效益基本保持稳定，可见企业在激烈的竞争市场上并没有受到太多的压力，但是同样也没有进步。因此，根据公司新制定的战略规划，预计在明年年底，产品的销售量要达到××万吨，公司要不断挖掘市场的潜在需求，增加自身竞争力。

五、产品定价预测

根据资料显示，公司20××年到20××年的产品定价情况如下表所示。

××公司产品情况定价表

年份	产品销售收入/万元	利润/万元	产品单价/元
20××	×××	×××	×××
……	×××	×××	×××
20××	×××	×××	×××

从上述资料来看，近几年公司的销售收入增长缓慢，每一年都比前一年增长3%左右，结合去年的销售业绩报告和市场调查情况，产品定价预测决定在去年的价格上提高4%，以便推动企业的发展。

四、任务实训

结合本任务所学知识，请你为该公司制订一份产品定价报告。

（一）背景资料

××纸业公司是大型造纸工业企业、国内特大型包装纸板生产企业之一。公司主营××牌各类包装纸板、纸箱、新闻纸及其他纸制品的生产和销售，主导产品为箱纸板、瓦楞纸、瓦楞纸箱、板纸箱等包装纸，以及新闻纸、胶印书刊纸等文化纸，以质优价廉享誉市场，被广泛用于家电、纺织、医药、电子、水果、饮料等多种商品的外包装和报纸书刊，市场前景广阔。以下是2018～2021年产品定价情况。

××公司产品定价情况

年份	产品销售收入/万元	利润/万元	箱板纸单价/（元/吨）
2018	17289.65	1855.63	3457
2019	19298.63	2265.52	3987
2020	23326.5	1956.55	4589
2021	25262.5	2336.52	4688

（二）实训要求

在本任务基础之上，掌握产品定价报告的撰写方法，认识到产品定价的重要作用。

1. 本次实训以小组为单位，小组成员分工合作，注意团队内部成员的协作。
2. 价格定位报告结构正确，用词准确。
3. 条理清晰、逻辑严谨、文笔流畅。
4. 价格定位报告具有可参考性。

（三）实训思路

1. 将学生分成若干工作小组，教师布置实训任务，学生明确实训目的和时限要求。

2. 熟悉价格定位报告的结构。

3. 查找资料，对纸业公司进行 SWOT 分析、行业分析、销售分析，对产品进行定价预测并形成书面文字。

4. 按照公文写作格式排版。

（四）实训考核

以小组为单位完成价格定位报告，掌握价格定位报告的结构，具备产品定价能力。

任务四　撰写定价策略报告

定价策略是市场营销组合中一个十分关键的组成部分。价格通常是影响交易成败的重要因素，同时又是市场营销组合中最难以确定的因素。企业定价的目标是促进销售，获取利润。这要求企业既要考虑成本的补偿，又要考虑消费者对价格的接受能力，从而使定价策略具有买卖双方双向决策的特征。此外，价格还是市场营销组合中最灵活的因素，它可以对市场作出灵敏的反应。

一、任务目标

掌握定价策略报告的写作结构，掌握窜货的类型及处理方法、掌握渠道窜货管理方案的写作技巧，文案内容清晰、格式规范。通过完成本任务，能够撰写渠道窜货管理方案。

二、相关知识

（一）产品定价策略

1. 撇脂定价策略

所谓撇脂定价是指在产品生命周期的最初阶段，把产品的价格定得很高，以攫取最大利润。

撇脂定价的条件如下。

（1）市场有足够的购买者，他们的需求缺乏弹性，即使把价格定得很高，市场需求也不会大量减少。

（2）高价使需求减少，但不致抵消高价所带来的利益。

（3）在高价情况下，仍然独家经营，别无竞争者。高价使人们产生这种产品是高档产品的印象。

2. 渗透定价策略

所谓渗透定价是指企业把其创新产品的价格定得相对较低，以吸引大量顾客，提高市场占有率。

渗透定价的条件如下。

（1）市场需求对价格极为敏感，低价会刺激市场需求迅速增长。

（2）企业的生产成本和经营费用会随着生产经营经验的增加而下降。

（3）低价不会引起实际和潜在的竞争。

3. 满意定价策略

满意定价策略是一种介于撇脂定价策略和渗透定价策略之间的价格策略。其所定的价格比撇脂价格低，而比渗透价格要高，是一种中间价格。这种定价策略由于能使生产者和顾客都比较满意而得名。有时它又被称为"君子价格"或"温和价格"。

（二）定价策略报告格式

一般来说，定价策略文案包括以下内容。

1. 市场环境分析

包括政治环境、法律环境、经济环境、竞争状态、社会文化和消费心理分析等。

2. 产品营销环境分析

（1）产品基本概况：产品简介、产品功能及优点等。（2）产品的市场定位。（3）产品的市场策略。

3. 产品的价格与市场竞争策略分析

（1）产品价格的制订依据。

（2）市场竞争策略优劣势分析：自身价格竞争弱势分析、竞争对手的价格策略优势以及应对策略、季节性价格竞争策略。

（3）产品的价格策略对市场的影响和发展趋势分析。

4. 建议与意见

可以分别对提供商和消费者提出建议。

（三）定价策略报告的写作技巧

1. 寻找一个折中定价

一般来说，能够影响消费者购买心理的满意价格区间是介于撇脂定价和渗透定价之间的一种定价，撇脂定价法对消费者不利，而且很容易引起同行之间的竞争；而渗透定价法又不利于企业的发展，因此要力求找出一个折中定价，这样才有利于产品的稳定发展。

2. 运用多种定价策略

一种产品在不同时期、不同地点，可以综合利用不同的定价策略来定价，使产品销售更加灵活。

三、文案范例

××笔记本电脑价格制订方案

一、企业介绍

××集团有限公司 1989 年成立北京××计算机集团公司。××公司主要生产台式电脑、服务器、笔记本电脑、打印机、掌上电脑、主机板、手机等商品。1996 年开始，××电脑销量位居中国国内市场首位。作为全球个人电脑市场的领导企业，××从事开发、制造并销售可靠的、安全易用的技术产品及优质专业的服务，帮助全球客户和合作伙伴取得成功。

二、市场环境分析

市场环境是企业生存面对的外部环境，主要包括政治、经济、社会文化、技术和自然环境五个方面，一般外部环境具备以下几个特征：不可控制性、非歧视性、非持久性和有规律性。可以说企业必须在不断变化的带有很多不确定性的环境下，很好地去适应周边环境，这样才能让自己处于不败之地。下面将就以上五个方面，分别进行分析。

（一）政治环境

我国是社会主义国家，一直坚持贯彻发展中国特色社会主义，大力发展市场经济，努力完善市场机制，吸纳外资，学习世界先进技术，通过不懈地努力取得了良好的效果。现在社会稳步发展，经济发达，可以说政治局面非常稳定。国家提出的科学发展观，更是将重点放在发展高科技产业上，因此企业应当抓住这个机遇，大力发展科技以获取产业政策的优惠，

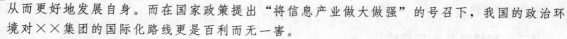

从而更好地发展自身。而在国家政策提出"将信息产业做大做强"的号召下，我国的政治环境对××集团的国际化路线更是百利而无一害。

（二）经济环境

由于受全球金融危机的影响，近一段时间我国的经济环境还不容乐观，但从长远来看，我国的经济环境依然将处在稳步上升阶段。同时，随着改革开放进程的继续，我国金融、科技等领域的进一步开放，加速国际接轨。与此同时，随着WTO过渡期的结束、我国科技等领域的开放，国际企业的进入将使我国本土企业受到冲击。

（三）技术环境

我国在电子技术领域还处在发展阶段，主要以向国际先进技术学习、模仿为发展方式，属于本土的自主研发能力还比较弱。但随着本土各大型企业不断国际化，企业收购、兼并国际知名高科技企业或业务部门，直接吸收国际领先技术，使得我国现有技术取得长足进步，另外，随着本土企业对科技研发的逐渐重视，大力培养自己本企业的科技人才，建立本企业的科研机构，将使我国未来的技术环境得到进一步的提高。

（四）社会文化环境

我国尚处于社会主义初级阶段，人民生活水平不如发达国家，对于高科技产品的消费能力还有待提高；我国的人口基数庞大，未来市场消费潜力巨大，同时人口基数庞大导致的劳动力过剩又使得我国本土企业劳动力成本较低；随着我国人民生活水平的不断提高，对于产品的质量、个性化要求提高，同时也更关注生活质量以及生活环境，因此也就对企业社会责任提出了更高的要求。

（五）自然环境

我国自然资源蕴藏丰富，利于企业的生产制造，但对于高科技企业所需要的高品质钢等高质量制造材料却无法悉数满足。我国交通网络等基础设施建设已趋于完备，利于企业的渠道建设及完善。我国产业地理规划已趋完善，产业集群的规划将使企业从产业集群的正外部效应获利。

三、产业环境分析

（一）现有竞争强度分析

由于××已将企业的战略选择拉回以PC业务为主的竞争策略，这里主要以PC产业的竞争强度分析为主阐述。早期PC行业内生产相关产品且规模较大的品牌企业有几十家，其中知名的国内品牌包括××、同方、方正、长城、宏碁、华硕、神舟、TCL、七喜等，PC行业中，第一阵营的规模化战略于2004年下半年开始，市场深陷价格战的泥潭，大量中小品牌的PC厂商在竞争中一夜"蒸发"。2004年××对于IBM的PC业务的并购，改变了全球竞争格局，构架了戴尔、惠普、××三强鼎立的新格局。其中戴尔以直销的经营模式、低廉的成本，打低价格策略，在三强中表现突出，而惠普则以生产功能齐全的PC产品见长。

（二）潜在进入者分析

PC行业未来将更注重规模、品牌、运作、设计能力这些全局性的竞争要素，同时，随着笔记本取代台式机成为主流，只有具备全球运作的实力，才能获取产业资源的最优组合，在PC行业里立足。从以上分析可以看出，PC行业对潜在进入者在资金量、技术能力、品牌知名度等方面都有很高的进入壁垒。只有在电子、家电等相关产业的领先企业才最有可能成为PC行业的潜在进入者。而PC市场依然继续的价格战，则是降低了PC行业的利润获取能力而削弱潜在进入者的进入积极性。因此，在近期PC行业潜在进入者的进入可能性不大。

（三）供应商分析

1. 零部件供应商

××通过借鉴戴尔模式，与零部件供应商达成协议，通过让供应商将工厂建在××生产部附近，需要即取的合作方式，将零部件的储存成本及风险与供应商共担。

2. 软件供应商

2006 年 Intel 与 AMD 在双核技术上的竞争，使处于下游的 PC 产业中巨头企业有了选择权，更是象征了从此 PC 企业在与上游软件垄断企业的博弈中获得了主动权。

（四）买方分析

鉴于在现有 PC 三巨头企业中有直销及经销两种分销模式，故在此作分类分析。

1. 终端消费者

现在 PC 行业的终端消费者，正逐渐由企业商用逐步转型为个人消费用，大量的个人消费将是 PC 行业又一次的销售增长点。个人消费者的特征是：对产品个性化要求较高、对价格变动较敏感等。中国市场的消费者，由于对 PC 最新科技的了解还未普及，因此标准化、专业化服务对其显得尤为重要。

2. 经销商

经销商作为专业化销售商，其对市场有敏锐且深刻的了解和把握。经销商也与 PC 生产企业间有着利益共存的关系，同时也分担着 PC 生产企业的销售风险。也正是由于这样的关系，经销商相对于普通的终端消费者而言有着明显的价格谈判能力。

（五）替代品分析

现在市场上还没有 PC 的完全替代产品，但是可以替代 PC 部分功能的产品却层出不穷。无论是智能手机拥有文件处理等功能，还是移动影音播放器的娱乐功能，都在一定程度上替代了 PC 产品对消费者需求的满足。而近期 PC 最大的功能替代产品便是新近出现的上网本，上网本的许多功能都与传统 PC 机雷同，可以说就是一台压缩版的传统 PC 机，又由于其轻巧便于携带而引发新一轮消费高潮。

四、产品 SWOT 分析

（一）产品优势

1. 企业品牌优势

目标客户群对××笔记本电脑品牌的认同度较高。××品牌是中国的本土品牌，出自民营企业，在中国具有一定的影响力。××品牌在华中地区的关注度较高，位居所有笔记本电脑品牌的第四位。

2. 产品功能优势

人性化设计，具有众多特色功能。轻薄便携，最轻达到 1 千克左右。安全性高，具有人脸识别功能。颜色和外观比较美观，符合消费者的心理需求。影音性能好，一键影音这一功能更给产品添加了不少亮点。××电脑公司拥有比较雄厚的实力，有能力改变产品在市场上的现状。同时，由于产品上市的时间不长，消费者还没有形成固有的印象，因此有通过恰当的营销手段吸引更多消费者的可能；性价比优势更为明显，在价格战中，××笔记本电脑总能战胜对手。

3. 销售渠道优势

××笔记本电脑与信息技术大型网络建立了非常良好的合作关系。××笔记本电脑开拓了网络直销等网络新渠道。

（二）产品劣势

产品知名度不够。消费群体对××品牌虽然有一定的认识，但并没有强烈的认同感。出于对品牌的不信任，部分消费者可能会忽略价位选择其他品牌。

（三）机会

国内市场对笔记本电脑的需求量将逐步提高，但市场上还没有哪个品牌占据很突出的优势地位。大学生对电脑的依赖性越来越强，对笔记本电脑的需求越来越大。大学生的消费欲望强，负担得起实用且时尚的高性价比产品。

（四）威胁

笔记本电脑市场逐渐步入成熟期，竞争激烈。家庭经济的承受能力以及液晶台式电脑的高性价比，使台式机仍然对学生有很大的吸引力。智能手机功能逐渐强大，有可能抢占笔记本电脑市场的一定份额。

五、××笔记本电脑市场分析

（一）目标市场选择

××元以下，是高质低价商品，因此价格接受能力较低的消费者也有可能成为本产品的实际消费者。

对××企业最有价值的细分市场具有以下特征：在校大学生群体；20～40岁的青年；独立生活或者独立、有未成年子女的家庭；中等及以上收入人群；适应现代生活，选择时髦、变动的生活方式的人群；注重产品质量，有较高的价格承受能力的人群。

根据我们对××笔记本电脑市场的细分，确定了以下目标市场：在校大学生群体；20～40岁的青年；独立生活或者独立、有未成年子女的家庭；有中等及以上收入的家庭。

（二）产品定位

对××笔记本电脑的定位应该在两个前提下进行：一是产品保持现有的质量，二是产品保持现有的价位体系。

××笔记本电脑的定位可以朝着"高科技"和"低价格"两个方向进行，但我们建议仍旧采取"高科技"的定位，辅助低价策略。

根据以上分析，我们对××笔记本电脑的定价目标可以确定为针对新产品，采取低价位的定价策略，以便快速占领市场，扩大市场份额。

六、产品成本分析

生产笔记本电脑时，很多生产模具已经建好，有的是沿用以前的生产模具，提高生产量时成本增加不多，主要是可变动成本。因此，要在满足市场容量范围内尽可能多地生产产品，但是考虑到电子产品的更新速度比较快，所以生产量一定要把握好。

七、定价方法及策略分析

××笔记本电脑在国内市场面临着众多的竞争对手，因此在定价上采取竞争导向定价法，即参考生产销售笔记本电脑的厂家的定价来确定定价。而在细分市场定价时则采取快速渗透策略，确定一个比竞争对手稍低的价格，通过促销手段扩大产品的影响力，然后增加市场份额，提升其在消费者心目中的地位。

（一）撇脂定价方法

撇脂定价中最常见的是阶段性撇脂定价，即从一个较高的价格开始首先吸引最不敏感的购买者，随着销售量的增加，这个市场逐渐缩小直至消失。为了维持销量，公司将价格降低到一定水平，向下一个最赚钱的市场销售产品。将这个过程持续下去，直至试尽所有撇脂的机会。撇脂定价的基本条件是：一开始的高价不会吸引太多的竞争者进入市场；高价有助于树立优质产品的形象。比如对于刚上市的产品，假设成本一共为 5000 元，而消费者可以获得的价值最大为 7000 元。由于此款产品的性价比较高，并且产品生产时规定其为限量版，在全国只销售 500 台，定价时不妨采用撇脂定价，规定产品出厂价为 6000 元，根据销售量确定降价幅度（比如每周降 5％），直到产品售完为止。

（二）渗透定价策略

比如某款新上市的笔记本电脑，抓住大学生消费的主要特点进行开发，属于中端级别配置中的顶级，堪称主流笔记本电脑平台性能之王，而市场上这种配置的笔记本电脑定价基本都在 6000 元以上。因此可以采取渗透定价策略，把价格定在 5000～6000 元，具体应该在 5800 元左右，以迅速占领市场。

八、价格方案实施与控制

（一）方案实施

（1）对不同市场的需求进行实地调查。

（2）根据策划方案的目标与市场的需求，应尽快做好准备，制订销售计划。

（3）按照销售计划进行市场宣传与销售，全面落实策划方案，紧跟策划理念，步步落实、层层加深。

（4）在方案实施的过程中，不断进行总结，做好市场反馈，为下一步工作的实施做好准备。

（5）对方案的实施及时控制，不断调整，确保方案不断优化。

（二）方案控制

（1）做好进度控制，对方案实施阶段的工作内容、工作程序、持续时间和衔接关系编制计划，并付诸实施。在实施过程中，应经常检查实际进度是否按要求进行，对出现的偏差分析原因，采取补救措施或调整、修改原计划，直至方案实施完毕。

（2）监控实际价格，了解"标价"与"净价"，对实际交易价格进行动态控制，及时调整和控制价格，避免过度竞争带来的价格战给企业造成损失。

四、任务实训

结合本任务所学知识，请你为华北药厂生产的奶茶制订一份定价策略报告。

（一）背景资料

华北制药持股 51％ 的华北制药河北华维健康产业有限公司（以下简称华维健康）推出奶茶品牌甄饮子，甄饮子要打造一个非常中国的品牌，之所以起名为甄饮子，是因为饮子是大唐盛世时期比较流行的一种养生保健饮品，在《清明上河图》中，有撑着遮阳伞卖饮子和香饮子的摊位，也就是宋代的饮品店。甄饮子排名前三的产品分别为"洛神陈皮素颜水""花青素蓝莓奶昔""燕窝青柠小苏打"。

（二）实训要求

掌握本任务知识点和技能点，明确定价策略报告的重要作用，根据背景资料，进行市场调研和资料收集。

1. 本次实训以小组为单位，小组成员分工合作，注意团队内部成员的协作。

2. 定价策略报告结构正确，用词准确。

3. 条理清晰、逻辑严谨、文笔流畅。

4. 定价策略报告具有可执行性。

（三）实训思路

1. 将学生分成若干工作小组，教师布置实训任务，学生明确实训目的和时限要求。

2. 熟悉定价策略报告的结构。

3. 对市场环境、产品营销环境进行调研，根据调研结果对产品价格策略进行分析。

4. 按照公文写作格式排版。

（四）实训考核

以小组为单位完成定价策略报告，掌握定价策略报告的结构，具备撰写定价策略报告的能力。

项目四
产品推广文案

学习目标

知识目标

1. 理解产品推广的作用及意义。
2. 掌握产品推广的基础知识。
3. 熟悉产品推广文案的写作结构。
4. 掌握产品推广文案的写作技巧。

技能目标

1. 能够撰写产品推广策划书。
2. 能够撰写产品上市建议书。
3. 能够撰写产品说明书。

素质目标

1. 具有工匠精神，树立职业目标。
2. 具有团队精神和协作能力，小组能够分工协作完成任务。
3. 具有信息素养和学习能力，能够利用互联网完成信息的收集与整理。
4. 具有创新思维和商业敏感性，能够获得用文案提升销售的能力。
5. 具有良好的职业道德和职业操守，在产品推广文案撰写过程中实事求是、客观公正，不迎合企业，不弄虚作假，保证数据的真实性。

学习导图

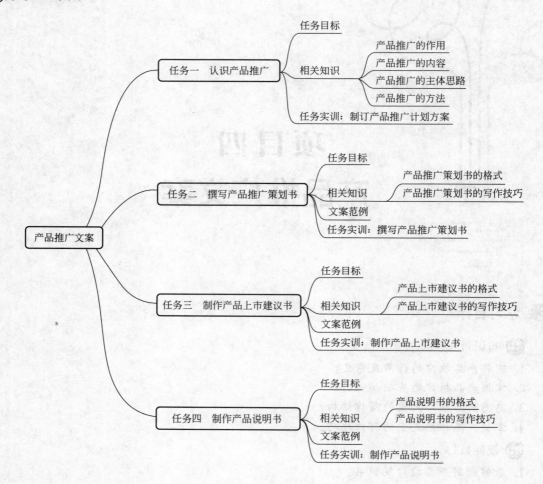

任务一　认识产品推广

产品推广是指企业产品问世后进入市场所经过的一个阶段。产品推广需要借助一定的工具和资源来进行，是企业活动的中心议题和应该持续努力进行的工作。产品在进入市场之前，企业人员必须制订相关的具体实施方案，这个方案就是产品推广策划方案。企业相关人员在撰写产品推广策划方案时，要懂得侧重描写市场推广的大方向，把握推广的重点，可以从产品目标、产品定位、宣传定位等方面进行详细描述。

案例导入

王老吉的"吸引力法则"

近些年王老吉在跨界合作上高速狂奔，跨界主要分为两类。一类是与 IP 的跨界，包含实用型的垂直类 App 以及覆盖庞大人群的头部游戏 IP。还有一类是与品牌的跨界，王老吉跨界合作过各类行业多个知名品牌。

为抢跑年轻化布局，选择"乘罐"上车

中银消费金融联合时代数据发布的《当代青年消费报告》显示，90后与00后逐渐成为这个时代的消费主力，当下，他们正值18～32岁，其中90后开始成为社会中坚力量、具有稳定收入，00后逐步走向职场，由他们组成的新生代消费群体，展现出巨大的消费力。正是基于此，众多品牌将传播的受众人群瞄准了年轻人。

王老吉早早布局，并已摸索出了一条专属的营销门道——包装年轻化、内容年轻化，以此来巩固基本盘，拓宽年轻圈层。从包装年轻化方面看，王老吉对于罐身这块天然广告牌的精心开发，已成为王老吉与Z世代消费人群沟通交流的桥梁。在内容年轻化方面，可以看出王老吉也早已布局多时，2016年西山居推出《剑侠情缘手游》，王老吉与之达成战略合作，掀起"武侠罐"热潮。尝到品牌年轻化的甜头后顺势又与多个热门游戏逐一绑定，每年数亿罐游戏罐线上线下广覆盖，给了游戏粉丝一波又一波的惊喜。近几年王老吉更是与Z世代深度沟通，多次与平台合作，通过二次元视频、社交、漫画等年轻用户聚集的社交传播渠道与年轻用户形成强互动。

年轻人的消费力，可以说是时代赋予的红利。越年轻的群体享受的成长红利越多。商务部研究院2020年发布的数据显示，当前我国90/00后人口规模达3.4亿人，在总人口中占比接近四分之一。这些人最大的共同点是：他们都在中国经济开放与高速增长中长大，且大部分是独生子女。而王老吉凭借其过硬的品牌力和年轻化影响力，引来众多也想要走年轻化路线的品牌IP搭车跨界想来其实也是水到渠成的事情。

年轻人爱国货，"国潮经济"日渐被重视

2017年4月，国务院决定将每年5月10日设立为"中国品牌日"，国家层面高度重视中国品牌的发展。《2022年轻人国货消费趋势报告》显示，2022年以来，年轻的消费者们比以往购买了更多的国货商品。在形成一定销售规模的品牌中，95后国货用户数占比同比提升11%，购买国产商品与进口商品的用户数总体比值为1.7，而这一数字在2021年同期为1.3。报告还显示，传统节日和文化形成的国货消费日渐盛行，其中食品饮料领域特征尤其明显。年轻消费者们通过商品评价关键词所展现出来的是对国货期待的转变，他们不再只关注到"价格实惠""大牌平替"等，而是更加关注"产品品质"与"家人/朋友是否喜欢"。

在千禧年出生的中国年轻一代逐渐成为中国经济、文化与消费主导力量的大背景下，血统纯正的国货民族品牌大受欢迎，呼应了在新时代成长起来的消费人群的民族自豪感。同时，这个人群社交需求旺盛，审美要求极高；他们热衷消费，但不消费至上；他们崇尚思想，有质量的内容更具文化自信。而在衣食住行这些百姓日常消费频次最高的领域里，鲜少有比王老吉更具代表性的国货品牌，在众多品牌渴望搭上国潮列车的氛围里，王老吉联名变得炙手可热也不难理解。国外知名品牌也选择搭上王老吉这个影响力较大的国民品牌，其实不难猜测或多或少都与国潮经济有关。

当代年轻人在品牌及产品的消费上回归理性，不再盲从追大牌，也不再人云亦云买爆款，而是根据自己的喜好选择产品，他们也成为"为热爱买单"的一个群体。在联名选择上，王老吉开辟定制化生产线，创造有参与感的文化，让年轻人"为热爱买单"，也让其他品牌能够更深入地进行合作。

据笔者了解，传统的定制化服务大多是简单的人群划分，品牌依托大数据为用户提供定制服务，隔靴搔痒，难以真正拿捏消费者。而王老吉定制服务的差异化就在于他不局限于对人群的划分，而是深入挖掘，千人千面，能真正做到个性化的定制服务，图文还原度极高,还一箱起订。这种差异化背后的讯息是王老吉与年轻人交朋友的决心。要知道个性定制是系统服务,后端服务的工作量巨大,它不仅需要整个供应链的大力配合,还需要生产、销售、市场各大部门通力合作。去年春节爆火的王老吉百家姓罐就是最直接的印证。王老吉将冠"名"权交给了广大消费者,通过一姓一图腾的形式,将一罐罐王老吉作为吉祥文化载体,祝愿人人有吉,家家大吉。多了"李老吉""钱老吉""孙老吉"等上百个"异姓兄弟"的王老吉冲上热搜榜单,百家姓罐也一夜售罄。

百家姓罐其实只是王老吉营造有参与感的文化、拉近与年轻人距离的浓墨重彩的一笔,王老吉各种个性定制罐主题亦给了跨界以及消费者互动很大的想象空间。如:结婚的新人可定制新婚大吉罐,小孩满月可定制满月大吉罐,搬新家可以定制乔迁大吉罐,高考祝贺可定制高考大吉罐甚至高三(1)班吉、语文大吉、数学大吉罐等。可以说王老吉包圆了国人每一个人生阶段的重要仪式感,将能引起年轻人强参与感的定制玩到极致。

王老吉这种开放的创意态度也同样给了广大寻求合作的品牌很大发挥空间,比如可以定制品牌姓氏罐;也可以契合联名品牌想要主打的场景,如汽车品牌的出行大吉、电脑散热相关的"下火"功能点、电影拍摄相关的杀青大吉;甚至可定制品牌联合画面等,如游戏角色、品牌IP形象、产品上罐等。撇开王老吉本身的定制罐营销热搜体制赋能,这种基于王老吉国内唯一一家定制化技术而带来深入的产品联合,就已是吸引品牌合作的直接加分项。

在年轻化国潮趋势中,王老吉成功打开了与年轻人对话的窗口,赢得了众多有年轻化需求的品牌的青睐,继而促成了接二连三的跨界联名,而正所谓跨界效应的1+1>2原则,这些各领域头部品牌毫无疑问又反哺了王老吉的年轻化品牌建设。通过跨界王老吉能持续带给年轻群体不一样的新鲜感,提升品牌与不同领域消费群体的深入沟通,也就是所谓的品牌"纳新"。这个良性生态的构建过程就像是栽种梧桐树,有了梧桐树,自然引得金凤凰不断。有凤来仪,吉运天成。这也许正是王老吉令众多大品牌和IP垂青,而王老吉也态度开放乐意促成的关键所在。

 思考

(1)王老吉成功的原因是什么?

(2)王老吉分别从哪些方面进行了产品推广?

一、任务目标

了解产品推广的作用,重视产品推广工作,理解产品推广的内容,掌握产品推广的思路与方法。

二、相关知识

(一)产品推广的作用

任何市场的运行都离不开销售,销售是为企业带来利润的直接因素,而促进销售最有效的一种方法便是产品推广。由此,产品推广的意义和重要性显而易见。

1. 产品推广对企业的意义

企业通过产品推广让买者了解自己的产品优势,增加自己的行业竞争优势,从而增加消费者购买本公司产品的可能性。通过产品推广增加企业的销售收入,从而实现利润最大化的目标，是所有企业中很常见的一种方案。产品推广对于企业而言，更像是打开市场的一把关键性的钥匙，离开产品推广的企业，相当于闭门造车，只会一味地消耗企业的资产却无法通过销售产品为企业带来利润。换句话说，任何企业都无法离开产品推广。

2. 产品推广对顾客的意义

产品推广对于顾客的意义相比对于企业的意义不降反升，社会发展强调公平的同时，市场也越来越要求公平。这种公平强调的是买者与卖者之间的信息透明度，即只有买者与卖者对同一产品所掌握的信息越相近，市场才会越公平。而产品的生产过程决定消费者对产品的了解程度必然小于生产者，正是由于消费者存在想要了解商品的这种需求才促使产品推广产生。产品推广人员通过广告、促销等宣传手段让消费者更了解商品的功能特点，然后从自己的需求出发决定购买何种商品。

产品推广让商品从企业走近消费者，拉近了消费者与产品之间的距离。与其说是企业需要产品推广，不如说是消费者要求企业对产品推广产生需要。

（二）产品推广的内容

市场千变万化，推广内容要在实际工作中具体问题具体分析。一般来说，产品推广的内容包括以下四个方面。

1. 上市时机

全世界每年开发的新产品成千上万，但能在市场上"活"下来的不到 10%，其中一个重要条件是必须"生逢其时"，也就是说，上市的时机十分重要。尤其在市场经济制度不健全、市场游戏规则不规范时，选择新产品进入市场的时机十分关键。如果企业即将完成新产品的开发工作，而此时竞争者的产品推广也将很快完成，那么企业就面临着三种选择：首先进入、平行进入和后期进入，对此，企业应权衡利弊，进而作出选择。

2. 上市地点

新产品的推广通常无法全面铺开，因此要选择适合产品销售的区域进行销售，这与产品的定位相关。一般来说，要选择具有消费潜力并有消费意识的区域，这个区域应具有一定的带动作用。在实际工作中，企业必须对不同市场的吸引力做出评价，评价标准为：市场潜力、企业的当地信誉、渠道建设的成本、该地区研究数据的质量、该地区对其他地区的影响、竞争渗透方式以及竞争对手实力等。

3. 目标客户

一般来说，新产品最佳的潜在顾客具有如下特征：喜欢创新、喜欢冒险、大量使用、对新产品抱有好感、某一方面的意见领袖、有宣传影响力、对价格不敏感等，即市场细分消费群体中的先锋型消费者。

4. 营销策略

在新产品推广过程中，企业必须制订把新产品引入市场的实施计划，新产品的营销预算也要合理分配到各营销组合因素中，时机不同，地域不同，营销重点也不同。除非新产品对公司的市场营销具有决定性的意义，否则，新产品的营销策略一般要服从公司已经制订的总体营销规划；同时，除非新产品的利润非常可观，否则不宜对旧产品的销售带来过大的冲击。

（三）产品推广的主体思路

1. 主动进攻

主动进攻就是优先推广全新产品，捷足先登，引领市场潮流。这类产品多属于发明创造范围，采用这种策略，投资数额大，科学研究工作量大，新产品推广周期较长，风险也较大。

2. 模仿跟进

模仿跟进是指根据外来样品或技术专利进行改进和创新。模仿跟进策略是紧跟既定技术的先驱者，以求用较少的投资和时间得到成熟的定型技术，然后充分利用其市场或价格方面的优势，扩大市场占有量。采用模仿跟进策略进行产品推广，一是可以赢得时间；二是可以节省费用。在市场竞争中费时少、费用低，就形成了一种竞争优势。

3. 拾遗补缺

拾遗补缺策略是指通过市场分析，发现尚未被竞争者占领或竞争力较小的市场和潜在市场，并把这些有缝可钻的市场作为独占目标，避实就虚，乘虚而入，攻击占领。实践证明，企业采用这种策略往往能收到事半功倍的效果。

采用拾遗补缺策略首先必须搞清"夹缝"在哪里，确定其具体位置。可通过市场营销研究和市场细分，发现某些未被满足的需要，找到不可多得的良机。

4. 创造需求

创造需求就是在产品推广过程中创造人们以前并不知道、想象不到的潜在的需求。创造需求是一种超前行为，它不能凭借直观的判断和一时的心血来潮，而是要求决策者能以最广阔的视野，通过准确的市场调查和分析，充分运用新思维，挖掘出消费者内心深处的潜在需求，进而果断地实施需求攻势，引导消费者把潜在的需求变成现实需要，从而创造出新需求，开拓新市场。

（四）产品推广的方法

产品推广的方法总体上可以分为三种：先推后拉、先拉后推、推拉同时进行，三种方式各有优缺点。

1. 先推广、后拉动

即对产品的推广在前，拉动消费者消费需求在后。首先进行铺市，目标市场铺货率达到60％以上时，开始做一些大型的促销活动或广告宣传活动，刺激拉动消费者购买产品。

这样做的优点是：拉动效果能得到直接体现。由于有前期的铺货，经过促销宣传拉动后，消费者能在终端立即购买到这类产品，进而形成销售拉动。缺点是：由于新产品知名度低，前期铺货难度大，速度相对较慢。如果促销宣传活动不是很有效的话，易造成部分产品积压。

2. 先拉动、后推广

即先拉动消费者的消费需求，后对产品进行推广。这种方法是先做促销宣传活动，进而刺激消费者购买和渠道成员进货。

这样做的优点是：由于有新产品的前期促销宣传造势，新品铺市较易。缺点是：新产品经过促销宣传后，补货如果跟不上，消费者在终端可能购买不到产品，影响促销宣传的效果。

3. 推、拉同时进行

即拉动消费者消费需求与推广产品同时进行。一边做促销宣传拉动，一边进行铺货，两者相结合。

这样做的优点是：在供求完全相等的情况下，避免了由于过度积压产生的成本。缺点是：在人力物力有限的情况下，整体推进速度较慢。建议调动客户的积极性，共同进行宣传、促销等活动。

三、任务实训

结合本任务所学知识，请你为该公司制订一份产品推广计划方案。

（一）背景资料

"花西子"品牌于2017年3月8日诞生于中国杭州，是一个以"东方彩妆，以花养妆"为理念的彩妆品牌。"花西子"品牌探索中国千年古方养颜智慧，针对东方女性的肤质特点与妆容需求，以中国传统色——黛色作为品牌色，以朱砂色作为口红色号；将中医药文化融合到彩妆配方成分里，打造以花养妆、健康养肤、妆养合一的产品；将传统雕花工艺用到口红膏体上，开创了全新的雕花口红品类；耗时一年多，开发了一套有6000多字的"花西子体"……花西子还将这些带有明显中国民族文化特色的产品带向了海外。2020年，花西子的销售额突破了33.5亿元。目前，"花西子"想要对一款口红产品进行推广。

（二）实训要求

了解产品推广的作用，重视产品推广工作，理解产品推广的内容，掌握产品推广的思路与方法。

1. 本次实训以小组为单位，小组成员之间要进行分工合作，注意团队内部成员的协作。
2. 能够正确分析产品推广的目的，按照推广目标，确定推广内容，选择适宜的推广方法，并说明理由。

（三）实训思路

1. 将学生分成若干工作小组，教师布置实训任务，学生明确实训目的和时限要求。
2. 了解企业及产品的基本情况，为产品推广做好充分准备。
3. 小组讨论后，确定产品推广内容和方法。
4. 教师对各小组的讨论结果进行点评。

（四）实训考核

以小组为单位完成产品推广计划方案。

任务二 撰写产品推广策划书

产品推广策划书是产品进入市场的具体实施方案。撰写产品推广策划书时，应侧重于市场推广的大方向，主要从背景分析、产品目标、营销操作流程、效果评估等方面入手。

一、任务目标

明确产品推广策划书的写作结构，掌握产品推广策划书的写作技巧，语言准确、格式规范。通过完成本任务，能够撰写产品推广策划书。

二、相关知识

（一）产品推广策划书的格式

通常情况下，产品推广策划书应该包含以下内容。

1. 背景分析

背景分析是对当前市场状况的最理智的描述，一般包括市场背景分析和企业背景分析。

（1）市场背景分析　针对目前的市场及消费趋势进行分析，发现消费者的特点、购买动机，预测市场未来的发展情况；对市场上竞争对手的产品情况进行分析，了解竞争对手产品的价格、渠道、促销等方面的情况。

（2）企业背景分析　根据企业的具体情况、所开发产品的特点，分析市场上面临的机会与威胁。

2. 产品目标

根据市场竞争状况和企业自身的特点制订产品目标，进行市场定位，选择目标市场。明确通过计划要实现什么样的市场目标，每一个市场目标都是对企业所要达到目的的描述，同时还包含一些具体的任务。

3. 营销操作流程

针对产品的具体情况，制订价格、分档、促销等具体的营销操作方案。如果是第一次做产品推广计划，需要对具体目标进行量化。目标要具有挑战性，同时也要是可以实现的。

可以参照之前的销售数据、几年来在各个市场的增长数据、有代表性的新客户的规模以及新产品推广情况等。例如，在过去 5 年中企业的总收入累计增长了 80％，那么预计明年有 20％～25％的增长是比较合理的，目标过低，不能够有效激励自己；相反，目标过高，又显得不切实际。

4. 经费预算

产品推广计划要有预算部分，用以说明对各种计划的事情所做的经费上的预算。负责某项市场活动的人应该参与预算制订，进而确切地了解可以支配的资金情况。

投入成本估计要尽量客观。例如，对于一些没有实践经验的活动，可以在估算基础上再加 25％。预算应该将内部费用（员工工作时间）和外部费用（花钱的）分开计算，并将预算做成一个工作表，方便改动从而达到最佳效果。

5. 效果评估

针对策划方案实施的效果及所要达到的目标，规定评价的标准，以便方案实施后进行客观评价。

大多数的市场工作是无法量化的，所以需要制订可计量的市场目标用来掌握执行情况。后期，定期举行例会来跟踪产品推广计划的实施情况。

（二）产品推广策划书的写作技巧

1. 注意基本格式

产品推广策划书要保证格式规范，各个环节衔接缜密，简述清晰。

2. 内容直击主题

推广文案一般不需要华丽的辞藻，最重要的是内容要直击主题，具有点石成金的作用。

3. 内容创新、实用

在商业社会中，各种各样的促销活动花样百出，而那些常用促销手段并非任何时候都能真正达到预期效果。因此，我们必须在熟练掌握和使用常规促销方法的同时，用一些新元素来增加促销亮点，提升销售业绩。

三、文案范例

××饮料上市推广策划书

中国饮料市场潜力巨大，从 201×～202×年以年均 10％的速度增长，至 202×年产量达到×万吨，预计 203×年将达到×万吨。202×年中国饮料产量达到×万吨，行业全部国有及年销售收入在×万元以上的非国有工业企业有×家，资产总额×亿元，销售收入×亿元，利润总额×亿元。据统计，202×年我国软饮料市场中以饮用水的产量为最高，但销售额仍是碳酸饮料占领先地位。

在此条件下，×公司推出了×系列花茶产品，作为一种新产品，×花茶将×市场作为其全国销售的攻克试点，在严密的市场调查和分析之后，制订了×花茶饮料市场推广策划方案。

一、上市背景分析

（一）市场背景分析

随着我国居民生活水平的提高，消费观念的变化，饮料已从昔日的生活奢侈品转为日常的生活必需品。根据中国饮料工业协会统计资料，202×年中国饮料工业的饮料总产量达×万吨，比上年增长×%，饮料业连续保持了×年快速增长的势头，同时，国内饮料市场对品种的需求也在发生变化。202×年，瓶装饮料产量达×万吨，居第一位；碳酸饮料产量达×万吨，居第二位；茶饮料产量达×万吨，居第三位。茶饮料是所有饮料类别中增长最快的。今年，饮料市场上最亮丽的景致莫过于享有饮料新贵之称的茶饮料。随着茶饮料的出现及市场的繁荣，二十一世纪饮料市场将是茶的世纪，茶饮料将成为饮料之王。在人们品尝清爽可口的茶饮料背后，茶饮料市场却是波涛汹涌，鏖战正急。

从整体的环境来看，我国茶饮料工业发展势头十分强劲，整个呈快速增长的态势，市场渗透率迅速提高，茶饮料整个市场进入了成长中期。201×年以前，在市场上占有很大份额的××、××、××三分茶饮料天下。而如今，××收获最丰；××跌居第二；××高升第三。××占据了茶饮料霸主地位；××为市场渗透率增长第二的品牌。

（二）企业背景分析

1. 竞争对手分析

（1）国外品牌

外资品牌占据一部分市场份额，例如×品牌。

（2）本土品牌

×品牌具有行业领导者地位；×品牌也初露端倪。

2. 市场机会

茶饮料将在我国掀起第三次饮料浪潮，与发展多年的碳酸饮料争夺市场霸主，市场需求在相当长一段时间内将会巨大。

3. 市场潜力

茶饮料占据着×%～×%的国内市场份额，而且比例每年还在不断提高。

4. 消费者分析

调查显示，女性最常喝茶饮料的比例稍高于男性。生活形态不同，茶饮料品牌选择相异。

5. 产品分析

×花茶以蜂蜜、玫瑰炮制，天然健康、回归自然，满足越来越多消费者追求健康生活方式的需求。

6. 产品上市优劣势分析

（1）有利条件　市场潜力大；消费者已经接受产品，无开发风险。

（2）不利条件　主力竞品历史悠久，研发能力强，财力足，市场占有率高，拥有一定的顾客忠诚度。

二、产品目标

（一）企业战略定位

根据对企业整体的优势、劣势、机会和威胁分析，差别化战略应该成为企业长期发展的主要方向。

（二）产品定位

1. 产品名称。（略）

2. 产品规格。（略）

3. 产品价格。（略）

4. 目标市场。（略）

三、新品上市安排

（一）上市时间

××××年××月××日

（二）上市区域

（略）

（三）媒体宣传支持

1. 广告策略

入市初期以理性诉求为主，强调其功能；后期主要以产品新的功能、创新理念来引导客户的消费需求。

2. 广告语

（略）

3. 宣传形式及费用

根据预定的销售目标，按其目标的×％作为广告费用。

4. 销售地域

以经济发达的地区为主力，重点经营。对商业比较活跃、人口较多的地区，也应加以重视。

5. 销售渠道

以各省会城市为中心，建立销售中心。在地级市设立代理商，开展经营活动。

四、业绩目标与效益分析

（略）

五、效果评估

（略）

四、任务实训

结合本任务所学知识，请你为该公司撰写一份产品推广策划书。

（一）背景资料

"花西子"是一个以"东方彩妆，以花养妆"为理念的彩妆品牌。目前，"花西子"想要对一款口红产品进行推广。

（二）实训要求

在任务一结论的基础上进行背景分析，明确产品目标、营销操作流程、经费预算，并进行效果评估，最终形成书面文字，掌握产品推广策划书的格式结构及写作技巧。

1. 本次实训以小组为单位，小组成员分工合作，注意团队内部成员的协作。

2. 策划书结构合理，用词准确。

3. 条理清晰、逻辑严谨、文笔流畅。

4. 策划书具有可执行性。

（三）实训思路

1. 将学生分成若干工作小组，教师布置实训任务，学生明确实训目的和时限要求。

2. 熟悉产品推广策划书的结构。

3. 将背景分析、产品目标、营销操作流程形成书面文字。

4. 制定经费预算。

5. 进行效果评估。

6. 按照公文写作格式排版。

（四）实训考核

以小组为单位完成"花西子"的产品推广策划书，掌握产品推广策划书的结构和撰写技巧，具备对整个产品推广活动统筹思考的能力。

任务三　　制作产品上市建议书

产品上市建议书是指企业将产品全面推向市场之前，仔细斟酌市场调研分析的结果，对产品上市所应采取的策略、措施所提出的具有参考性意见的文书。

一、任务目标

明确产品上市建议书的写作结构，掌握产品上市建议书的写作技巧，语言准确、格式规范。通过完成本任务，能够撰写产品上市建议书。

二、相关知识

（一）产品上市建议书的格式

通常情况下，产品上市建议书具备以下内容。

1. 标题

简要说明上市产品的类型和名称。

2. 背景介绍

上市背景介绍，包括市场环境、行业发展概况、消费群体分析等。

3. 战略规划

包括上市时机、上市地点、目标客户等内容。上市时机可以选择首先进入、平行进入或者后期进入。上市地点一般选择具有消费潜力、有消费意识、有带动作用的地点。目标客户主要指先锋型消费者，即喜欢创新、有宣传影响力的意见领袖。

4. 推广规划

主要介绍产品上市的营销策略，根据时机、地点等因素合理安排宣传推广。

（二）产品上市建议书的写作技巧

1. 注重广告媒体组合

对于媒体推广策略，在开拓新市场及推出新产品时，一般选用广告媒体组合策略，以便产生良好的促销效果。广告媒体组合要抓住时机，懂得觅势、造势、借势，运用自己的优势来进行广告传播。例如，可以采用视觉媒体与听觉媒体的组合、瞬间媒体与长效媒体的组合、大众传媒与促销媒体的组合等。

2. 把握产品诉求

产品都具备各自的特点和优势，在进行广告投放时要抓住产品的诉求点，了解产品的重点，区分产品和其他同行产品的差异性，有针对性地进行宣传，做到事半功倍。

三、文案范例

××手机上市建议书

××公司是一家总部位于中国广东省深圳市的生产销售电信设备的员工持股的民营科技公司，于1987年由×××创建于中国深圳，是全球最大的电信网络解决方案提供商，全球第二大电信基站设备供应商。××公司的主要营业范围是交换、传输、无线和数据通信类电信产品，以及在电信领域为世界各地的客户提供网络设备、服务和解决方案。在××××年×月×日公布的中国民营500强企业榜单中，××技术有限公司名列第一。

一、背景介绍

（一）公司内部环境

1. ××公司核心理念

聚焦：新标识更加聚焦底部的核心，体现出坚持以客户需求为导向，持续为客户创造长期价值的核心理念。

创新：新标识灵动活泼，更加具有时代感，表明将继续以积极进取的心态，持续围绕客户需求进行创新，为客户提供有竞争力的产品与解决方案，共同面对未来的机遇与挑战。

稳健：新标识饱满大方，表达了将更稳健地发展，更加国际化、职业化。

和谐：新标识在保持整体对称的同时，加入了光影元素，显得更为和谐，表明将坚持开放合作，构建和谐商业环境，实现自身健康成长。

2. ××公司科技力量

××公司科技力量雄厚，43%的员工从事研发工作，截至××××年12月底，累计申请专利×件。

在3GPP基础专利中，××公司占7%，居全球第五。

××公司数据通信认证提供从数据通信工程师到数据通信专家的三级通用认证体系，包括HCDA（××认证数据通信工程师）、HCDP（××认证数据通信资深工程师）和HCDE（××认证数据通信专家）。

（二）公司外部环境

手机市场前景广阔，人们对手机的需求越来越旺盛，手机已经成为人们必不可少的物品，手机的功能也越来越强大。

1. 运营商加大补贴力度推动手机市场发展

业内人士透露，××××年中国联通、中国移动和中国电信三大运营商对于5G的话费补贴高达×亿元～×亿元，而按照三大运营商加紧部署更廉价的智能手机等消息来看，三大运营商在××××年用于发展5G用户的话费补贴将会超过××××年。而在运营商补贴的推动之下，××××年中国中高端手机市场将会迎来更有利的发展环境。

2. 运营商积极推动千元手机发展助推本土品牌

从××××年开始中国手机市场显现出明显的中高端产品走俏趋势，但随着三大运营商协同众多手机厂家大力推广千元智能手机，智能手机市场的格局已发生改变。另外，从三星、HTC、苹果等几大国际品牌的动作也可以明显看出他们的竞争热点在中高端智能手机市场，而××、××等本土品牌则主打价格牌，在中低端领域不断发力，走差异化竞争的路线。再加上运营商的联合助推，未来本土品牌将在中国手机市场中获得更为良好的生存环境。

3.5G市场不断成熟，智能机比例不断上升

目前中国移动互联网领域已经日趋成熟，手机安全、行业规范等方面也都日趋完善。同时国内外厂家联合运营商为消费者提供了低、中、高端的丰富的产品选择。××××年中国手机市场将延续置换新手机的高峰，更多的4G普通手机用户将会通过签约运营商等方式选购5G手机。预计××××年末中国手机市场中5G智能手机产品的关注比例将会稳定超过95%。

（三）竞争情况

××××年中国手机市场上新品主要集中在三星、黑莓、苹果等国际品牌身上，国产手机品牌鲜有新品推出。从手机类型看，智能手机仍为市场的绝对主流，不论是新购机用户还是换机用户，均将目光集中到了智能手机身上。与去年相比，智能手机用户关注度大幅提升。整体来看，中国手机市场的竞争仍在进一步加剧。

（四）SWOT分析

1.××手机的优势

（1）规模优势　××公司是全球第六大手机厂商，拥有87000名员工。

（2）低成本优势　劳动生产效率高，规模大，科技含量高，协作化程度高。

（3）先发优势　××公司是全球最大的电信网络解决方案提供商，全球第二大电信基站设备供应商，科技力量雄厚，在全球处于领先地位。

（4）国际市场优势　国际市场份额大，价格低。××手机和解决方案已经应用于全球140多个国家，服务全球运营商50强中的45家及全球1/3的人口。

（5）国内市场优势　国内市场份额大，价格极具竞争力。

2.××手机的劣势

（1）营销网络的劣势　××手机销售渠道较窄，大多与运营商合作，定制手机较多，分销网络和营销终端基本依赖外部力量，对市场控制力度弱。

（2）产品档次组合劣势　产品线窄，没有形成结构合理的等级产品，中档、高档产品较少，梯度力分配不明显。

（3）品牌劣势　××手机的知名度不高，相对于名牌手机，××手机的名气较低，中高档手机较少，市场认可度不高。

3.××手机面临的机会

（1）我国经济高速发展，人民收入水平越来越高，国内手机市场潜力巨大。

（2）国际市场广阔，欧洲、非洲等市场巨大。

（3）可以在销售网络终端时附带销售手机，提高手机的市场占有率。

（4）利用××公司雄厚的科技研发力量，加大科技研发，制造高档、优秀手机，大力提高品牌形象和价值。

（5）利用全球资源优势，合理利用资源，降低手机产品价格，扩大手机市场占有率。

4.××手机面临的威胁

（1）国内竞争对手多　××和××的产业结构相似，不论是手机产业还是终端产业都是强劲的对手。

老牌国产厂商多：酷派、OPPO、步步高等老牌厂商都有强劲的实力。

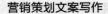

新兴品牌不断崛起：魅族、小米等迅速发展，知名度提升较快，产品优势明显，深受青年、中年顾客的喜爱。

（2）国际竞争对手实力强劲　国际手机品牌像苹果、三星、LG、黑莓等品牌的手机优势明显，品牌知名度较高，深受国人的喜爱。

手机专利大部分都被国外手机厂商占有，国内手机厂商必须支付高昂的专利使用费。

手机核心技术和关键部件大都被外国手机厂商和零件供应商掌握，价格较高，讨价还价能力小。

二、战略规划

（一）总体销售目标

在××××年××分析师大会上，××终端CMO透露，××终端预计今年所有手机的出货量将超过×亿部，其中包括×亿部智能手机。而在××××年××手机的出货量为×亿部，智能手机则为×亿部。

（二）市场占有率目标

预计××××年在智能手机的硬件方面做到全球第一。××手机终端在其未来三年的目标是成为全球三大手机品牌之一。

（三）销售成本目标

预计××手机的销售成本目标是减少百分之三的成本支出。

（四）利润目标

预计××手机的利润目标是增加百分之十的利润。

（五）目标市场

1. 低档收入市场

这一群体收入不高，但热爱新事物，对手机又有迫切的需求，需要手机有一些网上购物、浏览网页等基础功能，针对这一群体，应该开发功能相对齐全、性价比较高的产品以满足这类人的需求。

2. 中高档收入市场

这一群体收入较高，追求名牌和精品的顾客和具有高消费能力的顾客在明显增加。他们喜欢功能强大、价钱较高、能彰显出自己身价的手机。这一群体购买的手机价格都在3000元以上，喜欢买以高品质、高品位著称的手机。

因此××公司在目标市场选择上以收入水平作为变量时，应该选择以中高收入和高收入人群作为目标市场。

3. 时尚人群市场

随着社会习俗的不断变迁，有很多人逐渐倾向于一种比较时尚的生活、消费方式，这些人在手机使用上的表现就是比较注重品位、注重手机的潮流化。

××手机逐渐发力，市场份额不断扩大，努力开拓时尚型人群市场。

三、推广规划

在媒体选择上，产品上市初期仍选择报刊媒体、电视媒体、广播媒体和户外媒体等进行多角度全面宣传，使大部分目标消费者能充分了解××手机的产品信息。

1. 报刊类：《××报》

《××报》在××地区拥有××份的基础发行量，主要覆盖面是中高级企业、大学校园等，在白领一族中具有80%的阅读率和50%的传阅率。在向我们的主要目标消费群体进行广告宣传时，该报可以帮助我们适当而准确地传达广告信息。

2. 广播类：××交通广播

××交通广播电台是××地区首个交通频道，是××地区出租车司机的首选频道，具有86％的收听率。虽然该电台的节目内容多是围绕出租车司机来组织的，与××手机广告的相关度较低，但乘坐出租车的群体与我们的目标消费群体较为一致，因此该台应成为我们在广播媒体中的第一选择。

3. 电视类：××移动公交电视

××移动公交电视是专门针对公交车一族的移动数字媒体。××地区有58条公交线路，有1700辆公交车安装了移动数字媒体，覆盖74％的城市人口，其中固定公交人群占65％。这些固定公交人群每天可平均暴露于移动公交电视下25分钟，这为有效地传达广告信息提供了基础条件。

4. 户外类：××公交车车体广告

公交车车体广告是移动的平面媒体，每天可与大量的消费人群接触，有助于吸引更多消费者的注意，实现较高的销售额。

四、任务实训

结合本任务所学知识，请你为该公司制作产品上市建议书。

（一）背景资料

"花西子"是一个以"东方彩妆，以花养妆"为理念的彩妆品牌。目前，"花西子"想要上市一款新品口红。

（二）实训要求

明确产品上市建议书的结构和写作技巧。为"花西子"的新品口红制作上市建议书。

1. 本次实训以小组为单位，小组成员分工合作，注意团队内部成员的协作。

2. 产品上市建议书应该结构完整，用语精简。

3. 建议要根据具体问题、实际需要和可能条件来撰写，必须具备可行性。

（三）实训思路

1. 将学生分成若干工作小组，教师布置实训任务，学生明确实训目的和时限要求。

2. 熟悉产品上市建议书的写作结构。

3. 撰写产品上市建议书的标题。

4. 将上市背景、战略规划、推广规划形成书面文字。

5. 按照公文写作格式排版。

（四）实训考核

以小组为单位完成"花西子"新品口红上市建议书。熟悉产品上市建议书的结构，掌握产品上市建议书的写作技巧，具备一定的分析和建议能力。

任务四　制作产品说明书

产品说明书在商业活动中使用相当广泛，是生产者向消费者全面、明确地介绍产品名称、用途、性质、性能、原理、构造、规格、使用方法、保养维护、注意事项等内容而写的准确、简明的文字材料。产品说明书是产品用户了解产品的性能、特点，掌握产品使用方法和操作维护知识、保障使用安全的基本依据，是企业用户服务体系的组成部分。

一份好的产品说明书不仅体现出企业对产品质量的信心、对用户负责的态度，而且也是一个企业形象最好的展示。根据产品自身的特点，产品说明书的内容各有侧重，篇幅有长有短。如小商品的说明书只有一二百字，而科技产品的说明书有的长达几千字、上万字，而大型设备、生产流水线的使用说明书则有的如同专业书籍般厚重，但它们都有共同的格式规范和写作技巧。其基本特点都有真实性、科学性、条理性、通俗性和实用性。

产品说明书制作要实事求是，制作产品说明书时不可为达到某种目的而夸大产品的作用和性能，这是制作产品说明书的职业操守。

一、任务目标

明确产品说明书的写作结构，掌握产品说明书的写作技巧，能够根据产品实际情况，客观、准确、简练、完整地撰写产品说明书。

二、相关知识

（一）产品说明书的格式

通常情况下，产品说明书的结构由标题、正文和落款三个部分构成。

1. 标题

标题主要由产品名称加文种两部分构成。如"××牌空调说明书"。

2. 正文

正文是产品说明书的主体，是介绍产品的特征、性能、使用方法、保养维护、注意事项等内容的核心所在。正文一般包括以下内容。

（1）产品概况。包括产品名称、规格、成分、产地。

（2）产品用途、性能、特点。

（3）产品使用方法。可配插图说明各部件名称、操作方法及注意事项。

（4）产品的保养和维修。

（5）附"用户意见书"及其他事项。

产品说明书的种类不同，以上内容可有详略。

3. 落款

产品说明书的结尾要注明生产、销售企业的名称、地址、联系电话等，以方便消费者与厂家、商家取得联系。

（二）产品说明书的写作技巧

社会生活、生产中的产品种类繁多，各具特色，用户对产品的需求也各不相同。如购买药品，重在了解药物功能、服用方法；购买电器，重在了解产品的使用和保养方法；购买食品，重在了解产品的营养成分、味道、食用方法。不同的用户心理，不同的商家目的，不同的产品特点，都可以构成产品说明书的不同内容和写作方法。

从社会功能来看，产品说明书都是为了说明产品，为用户提供方便，对用户负责。因此，写作时应该做到以下几点。

（1）实事求是，客观真实。杜绝虚假，绝不允许夸大其词，鼓吹操作，甚至以假冒伪劣产品来谋取自身的经济利益。

（2）根据对象突出产品特点、优势，强调产品的实用性。

（3）语言通俗、准确简洁、条理性强，清楚明白地介绍产品。

三、文案范例

××牌空气炸锅说明书

［产品名称］　　××牌空气炸锅

［型号］　　MF-KZE4501

［产品简介］

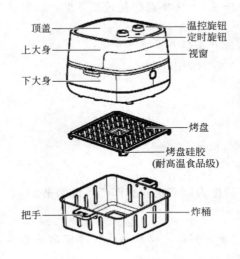

顶盖　　温控旋钮　　定时旋钮　　上大身　　视窗　　下大身　　烤盘　　烤盘硅胶（耐高温食品级）　　把手　　炸桶

［技术参数］

额定电压 220V，额定频率 50Hz，额定功率 1400W，炸桶容量 4.5L。

［清洁保养］

（1）请在空气炸锅冷却状态下进行清洁工作，防止被烫伤。

（2）使用后请及时清洗烤盘、炸桶，以免因食物残留油污的侵蚀造成涂层的损坏。

（3）请勿使用较强腐蚀性的清洁剂来进行清洁，以防机器及您的健康受到损害。

（4）请选取柔软干净的布来擦拭空气炸锅。请不要使用过湿的布来清洁空气炸锅，防止水进入空气炸锅内部，易导致短路、火灾等。

（5）请使用中性清洁剂或清水清洁烤盘和炸桶。

（6）请不要使用坚硬、锋利（如钢丝球、刀片等）的物品来清洁烤盘和炸桶，防止刮花烤盘和炸桶。

［常见问题］

（1）产品未工作

可能的原因：电源未插；没有旋转定时旋钮；炸桶未装配到位。

对应的方法：将电源线插头插入接地插座中；将定时旋钮旋转到所需烹饪时间；把炸锅拉出重新推回机身，装配到位。

（2）风扇不转或有异响

可能的原因：机器未接通电源；电机损坏或其他元器件短路。

对应的方法：插入电源插头，旋转定时旋钮；送至指定的维修店维修。

（3）不能顺利合盖

可能的原因：开关变形。

对应的方法：送至指定的维修店维修。

（4）冒出白烟

可能的原因：正在烤制油腻的食材；炸锅中还有上次烤制后的油脂残渣。

对应的方法：烤制油腻的食材时有大量的渗漏，属正常现象；请务必在每次烘烤完成后清洗炸锅。

［服务承诺］

产品如有故障，请与本公司的特约维修网点或客户服务中心联系。本产品实行整机一年保修（仅适用于家庭使用的产品）。保修期的起始日期以产品发票日期为准。

［生产企业］

企业名称：广东××生活电器制造有限公司

地址：广东省××市××区××号

邮政编码：×××××

电话号码：400-××××-×××

传真号码：×××××

网址：www.×××××.com

四、任务实训

结合本任务所学知识，请你为以下企业制作产品说明书。

（一）背景资料

"花西子"是一个以"东方彩妆，以花养妆"为理念的彩妆品牌。目前，"花西子"想要上市一款新品口红。

（二）实训要求

明确产品说明书的结构和写作技巧，为"花西子"的新品口红制作产品说明书。

1. 本次实训以小组为单位，小组成员分工合作，注意团队内部成员的协作。

2. 产品说明书应该结构完整，语言通俗、准确简洁、条理性强。

3. 产品说明书应实事求是，客观真实。

4. 产品说明书应突出产品特点、优势，强调产品的实用性。

（三）实训思路

1. 将学生分成若干工作小组，教师布置实训任务，学生明确实训目的和时限要求。

2. 熟悉产品说明书的写作结构。

3. 撰写产品说明书的标题。

4. 撰写产品说明书的正文。

5. 撰写产品说明书的落款。

（四）实训考核

以小组为单位完成"花西子"新品口红产品说明书，熟悉产品说明书的结构，掌握产品说明书的写作技巧。

项目五
广告文案

📖 **学习目标**

🌐 **知识目标**

1. 理解广告文案的分类及特点。

2. 掌握广告策划的一般流程。

3. 掌握广告宣传策划书的写作结构。

🌐 **技能目标**

1. 能够撰写广告创意文案。

2. 能够撰写广告策划书。

🌐 **素质目标**

1. 具有团队精神和协作能力，小组能够分工协作完成任务。

2. 具有信息素养和学习能力，能够完成小组任务。

3. 具有创新思维和商业敏感性，能够用文案提升销售能力。

4. 具有精益求精的工匠精神，文案写作需要字斟句酌、反复打磨。

学习导图

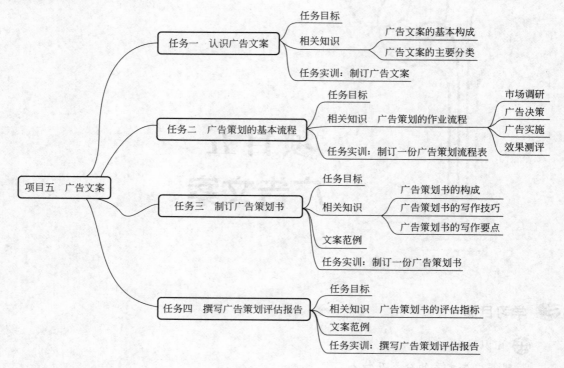

任务一　认识广告文案

　　广告文案是指广告作品中为传达广告信息而使用的全部语言符号（包括有声语言和文字）所构成的整体，是广告创意和策略的符号表现。其包含两层含义，一是为产品而写下的打动消费者内心，甚至"打开消费者钱包"的文字；二是专门创作广告文字的工作者，简称文案。广告文案有广义和狭义之分，广义的广告文案就是指通过广告语言、形象和其他因素，对既定的广告主题、广告创意所进行的具体表现。狭义的广告文案则指表现广告信息的语言与文字构成。

案例导入

文案一：想想小的好处

　　"我们的小车并不标新立异。"许多从学院出来的家伙并不屑于屈身于它；加油站的小伙子也不会问它的油箱在哪里；没有人注意它，甚至没人看它一眼。其实，驾驶过它的人并不这样认为。因为它耗油低，不需防冻剂，能够用一套轮胎跑完 40000 英里。这就是你一旦用上我们的产品就对它爱不释手的原因。当你挤进一个狭小的停车场时、当你更换你那笔少量的保险金时、当你支付那一小笔修理账单时，或者当你用你的旧××换得一辆新××时，请想想小的好处。

文案二：Lemon（不良品）

　　这辆甲壳虫没通过测试。仪器板上杂物箱的镀铬装饰板有轻微损伤，这是一定要更换的。或许你根本不会注意到这些细微之处，但是检查员科特克朗诺一定会。我们在沃尔夫斯堡的工厂中有3389名工作人员，他们唯一的任务就是：在生产过程中的每一阶段检验甲壳虫（我们每天生产3000辆甲壳虫，而检查员比生产的车还要多）的质量。每辆车的避震器都要测验（而不是抽查），每辆车的挡风玻璃都必须经过详细的检验。大众汽车常因肉眼所看不出的表面擦痕而被淘汰。最后的检查更是苛刻到了极点！大众的检查员们把每辆车像流水一样送上检查台，接受189处检验，再冲向自动刹车点，在这一过程中，被淘汰率是2%，50辆车总有一辆被淘汰！对一切细节如此全神贯注的结果是，大众车比其他车子耐用，却不需要太多保养（这也意味着大众车比其他车更保值）。我们剔除了酸涩的柠檬（不合格的车），给您留下了甘甜的李子（十全十美的车）。

上述参考范文是德国甲壳虫车的系列广告文案。二十世纪五六十年代，德国甲壳虫汽车进入美国，当时美国流行大型豪华轿车，甲壳虫和当时流行于美国的大型豪华轿车相比，被认为有四个不被看好的特征：外观不漂亮、小、后引擎驱动、外国制造。然而，DDB广告公司的创始人之一威廉·伯恩巴克却在产品特点的基础上，摒弃传统的诉求方式，以幽默和别致的广告方案创造了一系列经典文案。他在美国车价格高、高耗油、高成本的现状中，看到大众甲壳虫物美价廉、高性价比、维护费用低等特点，提出一系列围绕"物美价廉"的价值主张的广告宣传，进而运用广告的力量，改变了美国人的观念，为大众甲壳虫小型轿车占领美国市场奠定了基础。伯恩巴克认为，广告信息策略的"如何说"这个实施的部分可以独立成为一个过程，形成自己的内容。他认为，广告的秘诀不在于"说什么"，而在于"如何说"。当然，他并不否定研究和分析的重要性，他说："逻辑与过分的分析会使创意失去灵性和毫无作用。"他的意思是不要把研究和分析当作救命稻草，不要让创意被数字束缚灵活性。甲壳虫的每个广告都是文案经典，每个广告的标题都是极佳的标题党，文案抓住甲壳虫汽车的某个特点，言简意赅，徐徐道来，极富感染力。

思考

（1）广告文案一般由哪几部分组成？

（2）广告文案的特点有哪些？

一、任务目标

了解广告文案的基本构成，明确广告文案的特点，了解广告文案的主要分类。

二、相关知识

（一）广告文案的基本构成

广告文案一般是由标题、副标题、正文、广告语和随文组成的。其中，副标题和随文有时可以省略。广告文案是广告内容的文字化表现。在广告设计中，文案与图案图形同等重要，图形具有前期的冲击力，广告文案具有较深的影响力。广告文案的写作要求有较强的应用写作的能力。广告文案在广告界有广义与狭义之说。广义的广告文案是指广告作品的全部，它不仅包括语言文字部分，还包括图画等部分。狭义的广告文案仅指广告作品的语言文字部分。

1. 广告的标题

它是广告文案的主题，往往也是广告内容的诉求重点。它的作用在于吸引人们对广告的注目，留下印象，引起人们对广告的兴趣。只有当受众对标题产生兴趣时，才会阅读正文。广告标题撰写时要语言简明扼要，易懂易记，传达清楚，新颖个性，句子中的文字数量一般掌握在 12 个字以内为宜。

2. 广告的副标题

它是广告标题的补充部分，起到一个点睛的作用。让人感觉前面的不懂在这里全部懂了。

3. 广告的正文

广告正文是对产品及服务，以客观的事实、具体的说明，来增加消费者的了解与认识，以理服人。广告正文撰写时内容要实事求是，通俗易懂。不论采用何种题材式样，都要抓住主要的信息来叙述，言简意赅。

4. 广告语

广告语也叫标语或者口号，是为了强调品牌或企业的独特定位和形象而提出的一句简明、通俗的宣传语，并能在较长时间内反复使用，引导一种长期观念，注重对养成消费者观念和塑造品牌形象的长期效果，与广告具体内容密切相关。

广告语是战略性的语言，目的是经过反复和相同的表现，使受众明白它与其他企业精神的不同，使消费者掌握商品或服务的个性。这已成为推广商品不可或缺的要素。广告语常用的形式有：联想式、比喻式、许诺式、推理式、赞扬式、命令式。广告语的撰写要注意简洁明了、语言明确、独创有趣、便于记忆、易读上口。

5. 随文

随文是一个广告文案的附属部分，一般是提供广告主或经销商、零售商以及促销活动的信息，包括品牌名称、联系电话、地址等。

（二）广告文案的主要分类

可以根据不同的标准，从不同的角度对广告文案进行分类。

1. 按媒体分类

按媒体分类，广告文案可分为：报纸广告文案、杂志广告文案、广播广告文案、电视广告文案、网络广告文案、户外广告文案、其他媒体广告文案。

2. 按文体分类

按文体分类，广告文案可分为：记叙体广告文案、论说体广告文案、说明体广告文案、文艺体广告文案。

3. 按内容分类

按内容分类，广告文案可分为：消费物品类广告文案、生产资料类广告文案、服务娱乐类广告文案、信息产业类广告文案、企业形象类广告文案、社会公益类广告文案。

4. 按诉求分类

按诉求分类，广告文案可分为：理性诉求型广告文案、情感诉求型广告文案、情理交融型广告文案。

情感诉求型——文艺煽情的广告文案案例：

长城干红：

三毫米的旅程，

一颗好葡萄要走十年

三毫米，

瓶壁外面到里面的距离。

不是每颗葡萄，

都有资格踏上这三毫米的旅程。

它必是葡园中的贵族；

占据区区几平方公里的沙砾土地；

坡地的方位像为它精心计量过，

刚好能迎上远道而来的季风。

它小时候，没遇到一场霜冻和冷雨；

旺盛的青春期，碰上十几年最好的太阳；

临近成熟，没有雨水冲淡它酝酿已久的糖分；

甚至山雀也从未打它的主意。

摘了三十五年葡萄的老工人，

耐心地等到糖分和酸度完全平衡的一刻才把它摘下；

酒庄里最德高望重的酿酒师，

每个环节都要亲手控制，小心翼翼。

而现在，一切光环都被隔绝在外。

黑暗、潮湿的地窖里，

葡萄要完成最后三毫米的推进。

天堂并非遥不可及，再走

十年而已。

三、任务实训

结合本任务所学知识，请你为处于以下情景下的鸿星尔克公司制订一份适宜的广告文案。

（一）背景资料

鸿星尔克实业有限公司（ERKE）创立于 2000 年 6 月，总部位于福建省厦门市。已发展为集研发、生产、销售为一体，员工近 3 万人的大型运动服饰企业。公司在全世界拥有店铺 7000 余家，产品行销欧洲、东南亚、中东、南北美洲、非洲等国家和地区，在全球 100 多个国家拥有商标专有权，2017 年品牌价值突破 219 亿，并相继斩获"中国 500 最具价值品牌""亚洲品牌 500 强""《福布斯》亚洲 200 佳"等殊荣。

鸿星尔克在 2020 年亏损了 2.2 亿。2021 年一季度负债 6000 多万，由于财务问题，鸿星尔克的股票停止交易。但是 2021 年 7 月，鸿星尔克官方微博发布声明向河南捐款 5000 万元物资以援助抗灾。鸿星尔克的捐款事件使得广大网友冲入直播间消费，还有部分网民到其他品牌直播间发布恶意言论。

（二）实训要求

了解在不同的前提和背景下，应如何明确广告文案的内容，完成广告文案的撰写。

1. 本次实训以小组为单位，小组成员分工合作，注意团队内部成员的协作。

2. 能够正确分析广告目的，按照意图撰写适宜采用的广告文案，并说明理由。

（三）实训思路

1. 将学生分成若干工作小组，教师布置实训任务，学生明确实训目的和时限要求。

2. 了解网络舆论的方向及广告意图，为文案撰写做好充分准备。

3. 小组讨论后，确定广告文案。

4. 教师对各小组的讨论结果进行点评。

（四）实训考核

了解鸿星尔克品牌在此情此景下真正的企业诉求，以及如何通过广告文案来呼吁网友理性购买、文明购买，以此来进一步提升消费者对鸿星尔克的信任。

任务二　广告策划的基本流程

广告策划是现代商品经济的必然产物，是广告活动科学化、规范化的标志之一。美国最早实行广告策划制度，随后许多商品经济发达的国家都建立了以策划为主体、以创意为中心的广告策划管理体制。现代广告策划就是对广告的整体战略和策略的运筹规划。具体是指对提出广告决策、广告计划以及实施广告决策、检验广告决策的全过程做预先的考虑与设想。

案例导入

广告策划具体流程

一、市场调研阶段

拟订市场调查计划：确定市场调查的目标、范围、对象、方法（初步依据是现有的基础资料、企业运转的实际情况、生产经营活动和产品现状，或是临时收集的有关外部资料），然后拟订市场调查计划。

市场调查计划的主要内容有：调查目的或要求、调查项目、调查对象、调查方法、调查费用、调查时间安排、调查人员组成及其分工；分析、研究相关资料数据；分析预期消费群体的心理与行为等。

二、广告决策阶段

本阶段就是在充分获取市场信息的前提下，预测市场的发展规律，在符合广告主营销策略的基础上科学地制定广告总体战略，追求最优化的广告效果的过程。

三、广告实施阶段

本阶段是根据广告策划书所确定的工作方案，在完成广告作品设计制作后组织发布实施的过程，也是将意境设想变为现实效果的过程。这一阶段的工作，从广告策划业务来说也许并不重要，但就广告活动而言却是非常重要的，既要确保广告策划书所规定的内容认真执行，又要根据市场环境的现实变化进行修正，还要进行阶段评估和终期效果测定等。

四、效果测评阶段

广告项目实施完成后，进行效果测评及总结分析。以便为新一轮的广告策划提供借鉴。

思考

广告策划的一般流程是什么？

一、任务目标

了解广告策划的基本流程。

二、相关知识

所谓广告策划，是根据广告主的营销计划和广告目标，在市场调查的基础上，制订一个与市场情况、产品状态、消费群体相适应的经济有效的广告计划方案，并加以评估、实施和检验，从而为广告主的整体经营提供良好服务的活动。首先，它有着明确的目的性，出现在广告活动中的广告目标、广告媒体、广告作品、广告宣传的时间、活动地点等必须明确。其次，它有着严谨的科学性，是综合运用经济学、美学、新闻学、心理学、市场调查、统计学、文学等学科的研究成果。最后它还具备完整的系统性，主要体现在广告策划从调研开始，根据目标市场的特点确定广告目标，在制定广告活动具体策略时，要以整体广告目标为出发点，各环节相互衔接，密切配合。

广告策划是一个系统工程，需要多方主体的参与和配合，因此，明确广告策划的背景、主题、目标是非常重要的，在执行中所产生的分歧要最终以目标为导向进行协调。

尽管面对不同的广告目标，广告策划的侧重点不可能完全一致，但整体而言，广告策划工作是有一定的既定模式的。广告策划的作业流程包括以下四个阶段。

（一）市场调研

1. 调查、收集市场信息和相关资料

其中包括品牌及产品调查、品牌形象调查、消费者状况调查、竞争者状况调查等内容。既要详细了解品牌各构成要素的具体内容，又要详细了解产品的外观、结构、功能、原理、材料、技术、质量、价格、制作工艺、使用方法及保管、养护、维修措施等。

2. 分析、研究相关资料和数据

对调查、收集的全部资料和数据进行归纳、总结、分析、研究，要求能够描述现状，揭示趋势，为下一步制定策略提供参考依据。

3. 分析预期消费群体的心理与行为

什么样的消费者喜欢这种商品，为什么会选择这种商品，什么时间这种商品的销售量比较大，消费者购买这种商品都用来干什么，多长时间会购买一次此类商品等。得到大量信息后，对这些信息进行分类整理，归纳总结出消费者的购买动机和购买行为、类型等特点。

（二）广告决策

这一阶段是广告策划的核心阶段，它必须是有思想的，不能机械地套用某些程式。决策阶段决定的不仅是广告活动的战略与策略，还是广告策划的成与败。

1. 进行广告定位

一般来讲，广告定位分为实体定位、观念定位两种。其中，实体定位可分为品质定位、价格定位、市场定位和功能定位四种，它们分别是针对商品的良好品质、商品相对于其他同类商品的价格优势、商品在市场中的位置、商品的特殊功效而进行的定位。观念定位主要针对新商品观念的树立、消费者习惯心理的转变以及商品新意义的建立而对商品进行定位。比如宝洁公司推出一次性尿布时，最初在市场上受到了阻碍。广告策划人员发现障碍的核心是观念，所以创造性的策略在于通过观念转变，为一次性尿布定位：不是因为母亲要图方便，而是因为宝宝需要更柔软、更安全、更卫生的尿布，一次性就当然是最好的了。这样用一个转变了的观念去看它，一切就迎刃而解了。

2. 设定广告目标

广告目标是指通过广告能达到的特定效果。它是广告策划中各项活动的中心。企业通过确立广告目标，对广告活动提出具体要求来实现企业的营销目标。构成广告目标的基本因素包括预定市场数值、限定时间和信息交流目标。

3. 选择广告媒体

一般来说，公司都希望能以最低的成本获得最好的广告效果。在运用广告媒体时，如何选择媒体、如何组合各种媒体、如何把握媒体的推出时机，都涉及广告预算及广告效果评价，因此必须精心策划，从众多广告媒体中作出正确的选择。

4. 编制广告预算

为了更好地控制广告活动、评价广告效果并提高广告效率，需要合理而明确地编制广告预算，以尽可能少的费用达到最佳效果，即在既定规模资源下寻找最佳的广告支出点。

5. 拟订广告计划

广告计划是广告活动的具体行动方案，用于规划广告活动每个步骤的实施。广告计划要体现广告目标、广告对象、广告创意、广告媒介、广告实现、广告评估等一系列决策。拟订广告计划可避免行动的盲目性，使广告活动按计划、有步骤地开展，有助于对广告活动进行科学管理，使广告活动取得最佳经济效益。

（三）广告实施

这一阶段是将已经成熟的广告策划方案付诸实施，大体可以分为以下三个步骤。

（1）进行广告构图设计、效果设计，确定广告文案。

（2）进行广告制作，将创意、决策变成现实。广告制作的完成也就意味着广告作品的出炉。

（3）慎重选择发布广告的地区、时间和媒体等，正式推出广告。

（四）效果测评

主要包括经济效果测评、广告心理效果测评和社会效果测评三种。其中，经济效果测评是衡量广告最终效果的关键环节，目的是测评在投入一定广告费及广告刊播之后引起的产品销售额与利润的变化状况。

三、任务实训

结合本任务所学知识，请你为以下公司制订一份广告策划流程表。

（一）背景资料

WMF 是德国知名厨具品牌，自 1853 年以来，WMF 就一直致力于将烹饪用餐变成一种快乐的生活体验。WMF 的产品涵盖备餐、烹饪、用餐、饮品以及小家电五大品类上百个产品，持续的创新及时尚的设计与优异的品质相得益彰，是 WMF 产品的独特之处。这些优势帮助 WMF 确立了德国餐具及厨具的市场领袖地位，并成为著名的德国品牌。许多产品曾斩获欧洲设计大奖、金罗盘奖、iF 设计奖等众多世界级奖项，拥有多项专利技术。

现针对儿童餐具，WMF 设计了一款餐具，具有婴儿嘴型，达到功能性与设计性的平衡；符合幼儿手部线条的手柄，更适合儿童使用；耐食物酸腐蚀，儿童使用更卫生；餐具与知名 IP 结合，包括米老鼠、冰雪奇缘、汽车总动员、小熊维尼系列等，更有小黄人、独角兽等丰富系列。请你制订一个广告文案策划流程来推广这款儿童餐具。

（二）实训要求

了解广告策划的基本流程。

1. 本次实训以小组为单位，小组成员分工合作，注意团队内部成员的协作。

2. 能够正确列出广告策划的基本流程。

（三）实训思路

1. 将学生分成若干工作小组，教师布置实训任务，学生明确实训目的和时限要求。

2. 了解企业及产品的基本情况，为制订广告策划流程表做好充分准备。

3. 小组讨论后，制订广告策划流程表。

4. 教师对各小组的讨论结果进行点评。

（四）实训考核

完成 WMF 品牌的认知情况调研提纲，能简明概括企业的特点、企业的诉求，并制订出广告策划流程表。

任务三　制订广告策划书

在完成广告调查、研究和分析，制定出广告策略并确定广告目标后，应将广告策划的结果编制成广告策划书。广告策划书是对一系列广告策划成果的提炼和综合，是提供给广告主加以审核、认可的广告活动的策略性指导文件。

一、任务目标

了解广告策划书的内容以及写作技巧。

二、相关知识

（一）广告策划书的构成

一般来说，广告策划书包括以下内容。

1. 前言

简明扼要地说明广告活动的时限、任务和目标，必要时还应说明广告主要的营销战略。

2. 市场分析

一般使用叙述和说明的表达方式，在市场调查的基础上对广告产品进行定量和定性分析，说明产品在市场竞争中具备的优点和缺点。若要有针对性地提出广告产品改进或开发建议，可以适当运用议论。

3. 产品分析

分析产品的特点及优劣势。

4. 销售分析

包括地域分析、竞争对手销售状况、优劣比较。

5. 广告目标

对广告目标要进行量化的具体表述，包括开展广告活动后，企业或产品的知名度及美誉度提高的百分比、市场占有率提高的百分比等各项具体指标。

6. 广告定位

包括广告对象和广告地区定位，要根据产品定位和市场研究确立目标消费者和目标地区。不但要准确表述定位对象，而且要对理由作适当分析。

7. 广告策略

包括广告创意表现、广告媒体选择和规划。广告创意表现即广告的设计制作。其质量好坏直接关系到广告策划方案的优劣。广告媒体策划是针对既定的广告目标，在一定的预算约束下对媒体的选择、组合和广告发布的策划和安排。文案中要具体说明媒体策划的内容，以便于执行。

8. 广告预算

即对广告活动所需费用的计划和估算。在文案中对广告活动的经费总额、使用范围和使用方法进行准确编制和说明。

9. 广告实施计划

即为广告活动的顺利实施而制订的具体措施和手段。文案中要具体说明广告时间、广告区域、广告形式、发布频率等内容。

10. 广告效果评估与监控

目的是了解是否达到广告目的或是否产生其他方面的影响，因此，在广告策划书文案中要制订出评估与监控的内容和方法。

（二）广告策划书的写作技巧

1. 简洁明了

根据具体内容灵活运用图表式、文字式等形式进行表达。能用图表说清楚的就不必用文字，能用一句话说清的就不用两句话。

2. 层次分明

安排好方案的内容结构，要点分明，重点突出，每一部分都要紧紧围绕广告主旨来展开。

3. 目标明确

策划书中涉及的营销目标（销售额、市场占有率、购买率等）和传播目标（如知名度、认知度、理解度等）都应明确地设定出来。

4. 工作指标量化

策划书中的各工作指标标准要具体和量化，必要时用数字来表达。如广告活动中目标受众人数、覆盖地区数量、广告活动的目标购买率、增长率等都须有量化的数据指标。

5. 善于归纳

用客观、真实的资料归纳有关事项，并对此进行解释和说明，使决策者明白如此策划或建议的理由。

（三）广告策划书的写作要点

广告策划书的写作要点如表 5-1 所示。

表 5-1　广告策划书的写作要点

市场分析	宏观经济情况、行业总市场分析、政策分析、发展趋势分析
消费者分析	消费习惯分析、个人收入分析、家庭分析
产品分析	产品特点、性能、竞争对手产品分析、产品定位
竞争对手及状况分析	竞争对手的主要优势、劣势分析
广告策略	广告目标、目标市场策略、产品定位策略、广告定位、广告诉求策略、广告表现策略

媒介策略	投放媒体分析、媒体组合策略、媒体选择策略
广告计划	广告的实施计划与方案
公关营销策略	目的、活动策划
广告策略预算	广告策划费、广告创意、媒体购买、广告策划书文本费
广告效果预测评估	广告效果的预测、广告效果的监控
实施策略	导入时机、实施计划

广告策划是一个系统工程，需要多方主体的参与与配合。因此，明确广告策划的背景、主题、目标是非常重要的，在执行中所产生的分歧最终要以目标为导向进行协调。

广告策划方案要体现可执行性，要对活动的可行性进行分析论证。活动方案首先要注明活动名称、时间、地点、主办方、承办方、协办方以及参加人员；要有活动的机构设置及责任分工；活动流程安排流畅，内容明确并具有可行性；要对关键环节或流程进行必要的强调和说明。此外，还要体现经费预算及解决方案，对广告效果的预测与监控也要制订措施。

三、文案范例

某品牌微型轿车广告策划书

一、市场分析

经过多年发展，我国的微型汽车市场规模快速增长，成为汽车行业中增长速度最快的车种之一。微型汽车的产销量已占全国汽车产销量近30%，成为我国汽车生产和消费市场的重要拉动力量和生力军。我国的微型汽车在国际上也有着一定的竞争力，在价格、质量等方面具有一定的比较优势，在开拓国际市场上形成了一定的实力和基础。国家汽车产业政策中明确提出，要鼓励发展节能环保的排量在1.3升以下的经济型轿车。

由于我国某些地区人均收入不高，整体消费能力相对低下，所以走微型轿车消费全民化的道路，发展小型轿车是较为经济、理想的选择，不仅符合我国的国情，也符合国家发展安全、节能、环保汽车的要求。我国人多地少，为解决交通拥堵问题也应该发展微型轿车。

近年来，各市出台了各种放宽微型轿车发展的政策。但是微型车的发展也存在限制性因素。例如，北京市规定排量1.0升及以下的机动车在7：00～20：00不能在长安街上行驶，同时禁止排量10升以下的机动车在二、三、四环主路的最内侧车道行驶；上海市禁止排量在1.0升以下的机动车驶入高速公路；广州市规定停止核发发动机汽缸总排量1.0升的车；深圳市也有类似的限制。这些城市推出限行规定的理由是解决空气污染及交通拥堵的问题，但是专家强调汽车排量大小与车辆的技术水平高低不存在关系。我国消费者喜欢大车的"面子"心理，也将阻碍微型轿车普及。这些市场限制因素致使微型轿车被冷落在车市的底层，所以改变消费者观念也是企业广告的一大任务。

二、消费者分析

（一）现有消费时尚

现在人民生活水平在提高，购车逐渐成为一种时尚，只要经济条件好一点儿的家庭都会考虑购一辆车，尤其在银行贷款的支持下，只要是月收入大于5000元的家庭均是购车的潜在消费者，购车已成为一种时尚，同时还可以享受国家补贴。

（二）消费者收入与购车

月收入在 5000～8000 元的中等收入家庭有 90％的首选车型是微型车。月收入 8000元以上，尤其是 10000～15000 元的，有 80％的家庭想购微型车。

（三）年轻家庭

年轻人接受新事物比较快，把欧洲、日本、韩国等车市上流行的微型轿车文化引进我国，有利于微型车顺利进入市场，占据更大的市场份额。另外，很多购买微型车和十万元以内车的人是为了改善，也就是说家里有辆车，只想多一辆车代步，而微型汽车在性价比上十分划算。车型小的车，在城市道路上开车和掉头都比较方便，对于新手来讲也有很大优势。

三、产品分析

微型轿车是指发动机排量不超 1.0 升，车身长、宽、高分别不超过 3.75 米、1.5米、2 米，最大载货量不超过 600 公斤的小型轿车。因其较小的体积在发达国家深受人们的喜爱。

微型轿车的定位是价位低的高享受，低价格但是高档次，使微型车由低档车上升到高档车，改变消费者对微型车的原有偏见。

四、竞争对手及状况分析

微型汽车的竞争对手，在同质市场上较少。目前，大众、宝马、奔驰等大的国际品牌，因其经营的是高档汽车，价值几百万，与微型车市场不构成直接竞争。世界品牌对本产品无直接威胁，因它们还未涉足微型轿车领域。

五、广告策略

（一）广告目标

新车在微型轿车市场上要占×％的市场份额（在 2～3 年内），并提高企业知名度和美誉度，在中国市场上产生国家品牌，树立国产微型车品牌。

（二）目标市场策略

在目前的政策下，微型轿车在京、沪、广州等大城市立足的难度越来越大，且政策不可能在短期内改变，所以转战二、三级城市是不错的选择。由于西部开发的步伐日益加大，我国西部地区对轿车的需求还在逐渐扩大，怎样开发西部市场特别是没有微型车生产厂家的省份是今后重点发展目标。总之，主要目标市场定为二、三级城市，收入在5000～8000 元以及 8000～10000 元的中等收入和高收入家庭，在西部地区将没有微型轿车生产厂家的省份作为市场发展的重点。

（三）产品定位策略

定位为一种低价的高档车，低价位高享受。价格定位为 6.8 万元，且始终不能降价，以免形成持币待购现象。

（四）广告定位

在广告定位上乐观定位，从环保和缓解交通拥堵方面改变消费者的态度。

（五）广告诉求策略

由于产品处在生命周期的开发期，所以应先采用理性诉求策略，详细说明其性能。在广告表现中，突出其外形、个别部件，讲解等是不可缺少的。等产品进入生命周期的成长期时，加大感性诉求的成分，以人为本，宣传一种休闲的情趣，家人的关爱，其乐融融、经济环保。

（六）广告表现策略

广告创意力求要新、奇、特，本产品因是新产品，所以首先要体现其性能等与各种微型轿车的不同，其标题和主题可拟为"与众不同"，重点说明产品的特别之处。可采取系列广告形式，突出品牌，以此来说明产品的高性能。到产品的成长期，体现一种休闲的情趣，回归大自然。最后再加上家庭的温暖，全家使用该车其乐融融。

广告标题在开发期可以着重强调：更深入，才有发现；不用不知道，一用吓一跳；没想到、没想到；相见恨晚；有个性，我喜欢。在成长期可以着眼于：一种心情叫休闲；低价位，高享受；高档次，何须付出太多；现代人都讲究环保。

具体设计要涉及电视广告脚本设计；杂志、报纸广告；路牌广告；网络广告。

六、媒介策略

（一）对象媒体接收习惯

较富裕家庭成员较关注休闲、娱乐性的媒体，如电视、报纸、海报、DM、网络等，而年轻的商界人士和中年奋斗者关注信息性强、商业经济类的媒体和杂志、报纸、电视等。

（二）媒体组合策略

（1）以电视广告为主，向目标消费者做重点推广，争取以电视广告达到最广泛的覆盖面。

（2）以报纸广告为补充，向目标消费者传达关于产品的更丰富的信息，同时将各种促销活动的内容及时告知消费者。

（3）以招贴广告作为焦点广告，对消费者进行提醒性推广，促使他们及时采取购买行动。

（三）媒体选择策略

（1）选择×地区对消费者生活最有影响力的媒介。

（2）选择×地区消费者接触最多的媒介。

（3）选择最家庭化的媒介。

七、广告计划

第一阶段

时间：××××年××月××日至××××年××月××日

目的：这一阶段为宣传活动的开始，目标是达到初期的广告效果，逐步加深×地区消费者对×品牌微型轿车的印象，进而吸引消费者购买。

内容：这一阶段主要以电视广告为主。从×月初开始，在×地区生活、影视频道播出形象广告，让消费者对×品牌逐渐产生印象和好感；周末的时候再及时推出×品牌促销广告，起到提醒消费者购买的作用。在电视广告播出一周后，开始推出户外候车亭广告和路边站牌广告。

第二阶段

时间：××××年××月××日至××××年××月××日

目的：确立×品牌微型轿车在消费者心目中的良好形象，这一阶段到了宣传活动的中期，企业活动目标实现一半以上，若没有完成，则在下一个阶段稍微改变促销策略以完成任务目标。

内容：这一阶段继续均衡地保持电视广告播出率，同时增加周末促销活动，组织公共关系活动，在各4S店增加人员推销力度，以确立×品牌在广大消费者心目中的形象。

第三阶段

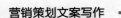

时间：××××年××月××日至××××年××月××日

目的：让大众对×品牌微型轿车产生亲切感和好感，使×地区广大用户在心理和情感上认同和偏爱×品牌微型轿车，并有可能形成转介绍。

内容：这一阶段电视广告仍要均衡播出，同时加强店内广告的宣传，广告宣传以卖点广告为主，增加促销等销售手段。这一阶段是宣传活动的收尾和结束阶段，市场活动目标基本完成。

八、公关营销策略

（一）目的

公关营销的最终目的是提高企业效益，最高目的是服务公众，贡献社会，具体目的是让公众了解产品，让产品成为中国消费者的骄傲。

（二）活动策划

产品上市召开新闻发布会，造成全国反响，引起业内外人士的广泛注意，最好找名人代言；举办抽奖活动，让消费者把车开回家；年间购车，好礼相送；其他公益赞助活动。

九、广告费用预算（表 5-2）

表 5-2　广告预算表

项目	开支内容	费用	备注
市场调研费	实地调查	××××	市场调查人员实施调查分析产生的费用
	研究分析	××××	
广告设计费	电视	××××	电视及各种媒介广告项目的设计费用
	车体	××××	
	户外	××××	
	4S 店	××××	
广告制作费	印刷费	××××	电视及各种媒介广告项目的制作费用
	摄影费	××××	
	工程费	××××	
广告媒体租金	电视	××××	根据实际情况有增有减，从机动费用中调和
	户外	××××	
	车体	××××	
	店铺	××××	
机动费用		××××	项目之外的调节费用
管理费用		××××	广告公司人员的费用
总计		××××	

十、广告效果预测、评估

（一）广告效果的预测

广告效果的预测包括主题预测、广告创意测试、广告方案测试、广告作品测试。

（二）广告效果的评估与监控

事前：对广告作品进行评估，采用实验室法或现场访问法。

事中：广告播放期间对受众进行调查，并统计媒体实际覆盖率和受众对广告播出的反应。

事后：对广告总效果进行综合评估。

思考

（1）广告策划书应包含哪些主要内容？

（2）广告策划书的写作技巧都有哪些？

四、任务实训

请结合本任务所学知识，为以下公司制订一份广告策划书。

（一）背景资料

爱奇艺是中国高品质视频娱乐服务提供者。2010 年 4 月 22 日正式上线，秉承"悦享品质"的品牌口号，积极推动产品、技术、内容、营销等全方位创新，为用户提供丰富、高清、流畅的专业视频体验，致力于让人们平等、便捷地获得更多、更好的视频。爱奇艺已成功构建了包含电商、游戏、电影票等业务在内，连接人与服务的视频商业生态，引领视频网站商业模式的多元化发展。

爱奇艺品质、青春、时尚的品牌调性深入人心，网罗了全球广大的年轻用户群体。爱奇艺打造涵盖电影、电视剧、综艺、动漫在内的十余种类型的丰富的正版视频内容库，并通过"爱奇艺出品"战略的持续推动，让"纯网内容"进入真正意义上的全类别、高品质时代。同时，作为拥有海量付费用户的视频网站，爱奇艺倡导"轻奢新主义"的 VIP 会员理念，主张人们对高品质生活细节的追求，坚持为广大 VIP 会员提供专属的精品内容、极致的视听体验，以及独有的线下会员服务。

（二）实训要求

掌握广告策划书的撰写。

1．本次实训以小组为单位，小组成员分工合作，注意团队内部成员的协作。

2．能够写出符合要求的广告策划书。

（三）实训思路

1．将学生分成若干工作小组，教师布置实训任务，学生明确实训目的和时限要求。

2．了解企业及产品的基本情况，为制订广告策划书做好充分准备。

3．小组讨论后，制订广告策划书。

4．教师对各小组的讨论结果进行点评。

（四）实训考核

根据企业背景制订出符合企业发展需求的广告策划书。

任务四　撰写广告策划评估报告

在广告策划书编写完成后，应组织有关人员（如广告创意人员、策划人员、执行人员、企业广告负责人、文学工作者、财务人员等）对策划书草案进行评估和论证。评估可采用量表法，根据得分多少分为优、良、中、差的组别，并据此做出修改。

一、任务目标

了解撰写广告策划评估报告的要素。

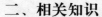

二、相关知识

对广告策划书进行评估表面上看是评价策划书，而实际上涉及整个广告，评估的内容比较全面，并根据评估表对广告策划书逐项评分，依据实际总得分判断出广告策划书的优劣，并写出相应的评估意见和修改建议。具体评估指标参见表 5-3。

表 5-3　广告策划书具体评估指标

项目	项目总分	评估指标	指标分值	实际得分
文书结构	3	结构完整性 用词准确性 表达清晰性	1 1 1	
广告调查	4	文案科学性 结论可靠性	2 2	
目标调查	6	切合企业 切合产品 切合公众	2 2 2	
定位策略	9	符合商品形象 突出品牌优势 富有特色	3 3 3	
媒介策略	12	有效性(可展示商品形象) 具有整合性 符合公众媒介习惯 可行性	3 3 3 3	
诉求策略	8	诉求对象明确 诉求符合有冲击力 诉求信息有感染力 诉求方式有心理依据	2 2 2 2	
主题创意	12	鲜明 准确(符合定位创意要求) 吸引力 新颖	3 3 3 3	
广告文案	12	标题吸引力 标语鼓动性 正文有效性 表述具有冲击力	3 3 3 3	
广告实施	18	广告图画美观性 广告图画实用性 广告音乐有效性 布局编排合理性 作品气息具有文化性	3 3 3 4 5	
广告计划	3	系列性 连贯性 可行性	1 1 1	
经费预算	6	合理性	6	
想象量级	7	冲击力 说服性	4 3	

为了保证广告的效果，在评估时要坚持定量的评估方法。虽然广告预算的多少会直接影响广告效果，但是，媒体选择的正确与否同样是影响广告效果的关键因素，如果媒体的选择根本就是错误的，在这种情况下，广告投资越多，广告效果反而越差。在评估媒体选择方案

时，必须坚持用定量方法对媒体的效应进行分析，切忌盲目选择媒体。

三、文案范例

针对项目五任务三的某品牌微型轿车的广告策划书，用本任务所讲的量表法进行评估打分。得分结果如表 5-4 所示。

表 5-4　某品牌微型轿车广告策划书评估结果

项目	项目总分	评估指标	指标分值	实际得分
文书结构	3	结构完整性 用词准确性 表达清晰性	1 1 1	1 1 1
广告调查	4	文案科学性 结论可靠性	2 2	1 2
目标调查	6	切合企业 切合产品 切合公众	2 2 2	2 2 2
定位策略	9	符合商品形象 突出品牌优势 富有特色	3 3 3	3 2 2
媒介策略	12	有效性(可展示商品形象) 具有整合性 符合公众媒介习惯 可行性	3 3 3 3	3 3 3 3
诉求策略	8	诉求对象明确 诉求符合有冲击力 诉求信息有感染力 诉求方式有心理依据	2 2 2 2	2 1 1 1
主题创意	12	鲜明 准确(符合定位创意要求) 吸引力 新颖	3 3 3 3	1 2 1 1
广告文案	12	标题吸引力 标语鼓动性 正文有效性 表述具有冲击力	3 3 3 3	2 2 2 2
广告实施	18	广告图画美观性 广告图画实用性 广告音乐有效性 布局编排合理性 作品气息具有文化性	3 3 3 4 5	0 1 0 2 2
广告计划	3	系列性 连贯性 可行性	1 1 1	1 1 1
经费预算	6	合理性	6	6
想象量级	7	冲击力 说服性	4 3	2 2

首先，该广告策划书对于微型轿车的市场分析比较合理，针对微型轿车的需求状况及发展趋势都进行了深入的分析。其次，通过该广告策划书对于市场环境的分析可以全面了解微型轿车市场的发展情况。再次，该策划书对微型轿车这款产品的定位也很清晰。

最后，该策划书对于消费者的分析也很全面，很好地定位了目标顾客群体。但是该策划书也存在一些不足之处，主要表现在并没有把广告方案的图画、音乐等细节进行详细的介绍，同时在广告预算表中缺少了对于促销和公关费用的考虑，如果加上这两部分的经费预算就会更加完美了。

四、任务实训

结合本任务所学知识，请你根据上一任务做的关于爱奇艺的广告策划书撰写广告策划评估报告。

（一）实训要求

了解和明确广告策划书的评估要素。

1. 本次实训以小组为单位，小组成员分工合作，注意团队内部成员的协作。

2. 能够正确且全方位地按照评估表格对广告策划书进行分析和评估。

（二）实训思路

1. 将学生分成若干工作小组，教师布置实训任务，学生明确实训目的和时限要求。

2. 了解广告策划书评估表提供的评估指标，为评估做好充分准备。

3. 小组讨论后，确定广告策划书评估结果。

4. 教师对各小组的讨论结果进行点评。

（三）实训考核

了解撰写广告策划书评估报告的要素。

项目六
产品促销文案

学习目标

知识目标
1. 了解常见的促销工具。
2. 掌握促销计划书的结构及框架。
3. 掌握促销文案的写作要点。

技能目标
1. 能够撰写促销文案。
2. 能够撰写促销计划书。

素质目标
1. 具有团队协作能力，小组能够分工协作完成任务。
2. 具有创新思维和商业敏感性，能够用文案提升销售的能力。
3. 具有爱岗敬业的职业精神并遵守行业准则。

学习导图

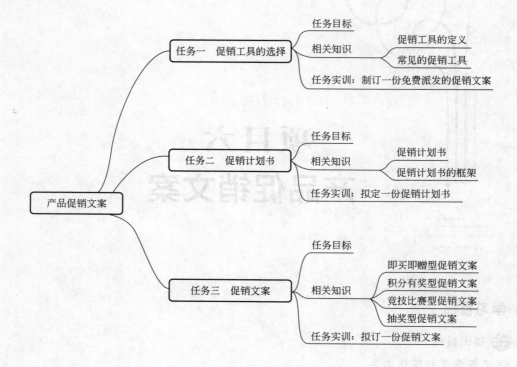

任务一　促销工具的选择

促销就是营销者向消费者传递有关本企业及产品的各种信息，说服或吸引消费者购买其产品，以达到扩大销售量的目的的一种活动。这实质上是一种沟通活动，即营销者（信息提供者或发送者）发出刺激消费的各种信息，把信息传递到一个或更多的目标对象（即信息接收者，如听众、观众、读者、消费者或用户等），以影响其态度和行为。

案例导入

"××"食用油加护手霜，好油好手烧好菜

"元旦、春节在即，为给全家做出一桌好菜，您辛苦了！操劳的双手更容易在忙碌中不知不觉受到伤害。这个冬日，××送上护手霜，滋润好主妇为全家操劳一年的双手。"活动期间凡购买××食用油一瓶，即可获赠××护手霜（40克）1支。

思考

（1）以上范文是哪种类型的促销文案？

（2）这种促销文案有哪些需要注意的地方？

一、任务目标

了解常见的促销工具。

二、相关知识

（一）促销工具的定义

促销工具是指提供短期鼓励性质的各种促销方案，将这些促销方案与人员推销、广告配合起来使用，更能起到促进销售的作用。在制订销售促进方案时，营销策划人员需要制订所选用的销售促进工具的实施细则，针对具体的销售促进工具进行谋划。

（二）常见的促销工具

1. 免费样品派发

免费试用是通过将产品（或试用装）免费赠送给消费者，供其试用或品尝的一种促销方法，由于这种方法无须消费者付出任何代价，因此是诱使消费者尝试进而产生购买行为的有力武器。厂商免费提供给顾客产品样本，目的是建立顾客对产品的信任，并期望通过试用达到销售的目的。样品可逐户派人赠送、邮寄赠送、店面分送、附在其他产品上或通过广告发布信息。

使用这种方法产品成本应较低或制成小容量的试用包装；但也并非所有的商品都适合免费派发的方式，那些消费频率较高、消费周期短的消费品，如洗发水、护肤品、小食品等适合这种方式，而对于那些同质性很强且使用期限短的产品不适合使用这种促销方式；在新产品上市进行广告宣传之前 4～6 周，同时零售终端铺货率达到 50％时才可执行免费派送。值得注意的是，一定要保证货源充足，渠道顺畅，以免出现消费者正式使用产品时却寻找不到的情况，这会挫伤购买者的积极性。

2. 包装外赠品

购买特定产品时，以极低价格销售或赠送产品来鼓励购买另一种产品。有随货赠奖和邮寄赠奖两种方式，如随袋赠送小玩具、赠送可用于包装的用具、通过函索邮寄赠奖。使用这种促销方法时应注意赠品活动不可过度滥用，否则会误导消费者这种产品只会送东西，而忽略产品本身的特性及优点。

3. 折价赠券

即可以抵充购买款项的赠券，或在继续购买产品时作为零售价格的折扣凭证。可以用邮寄、附在其他产品上或插在广告印刷品内等方式送出。其效果与样品相似，但是较为便宜。零售价为 10％～30％的金额是理想的折价券面值，也能获得最好的兑换率，最好限制在某一特定商店或连锁店使用。

4. 减价优惠

即可以将原定价格打一个折扣优惠，如单包减价、多包减价、搭配减价。减价优惠至少要有 15％～20％的折扣，并要有充分的理由，才能吸引消费者购买。

5. 价格折扣

价格折扣，是指企业采用降价或者折扣的方式招揽顾客。价格折扣是吸引消费者购买产品的重要手段，以价格折扣来提升销量也是具有一定市场基础的品牌常用的战术，因为消费者对于有一定认知的品牌更容易产生购买的冲动。价格折扣对于不同的产品和不同的市场阶段，在具体应用上是有所区别的。一般而言，同质性越强的产品运用价格折扣战术效果就越好。

价格折扣常常针对经销商或批发商；现金折扣一般为付款金额的 2％；一次性数量折扣通常是 2％～7％；季节折扣最大为 30％～40％，通常只有百分之几，实施时间以两个月为宜，时间越长越容易造成心理惯性。

6. 包退包换

即在购买后一段时间内，顾客若不满意，可以更换商品或部分退还现金。

7. 多买多送

将产品以组合包装的方式降价促销，大多直接将优待券贴在产品组合包装上。

8. 集点优待

集点优待又叫商业贴花，指顾客每购买单位商品就可以获得一张贴花，筹集到一定数量的贴花就可以换取某种商品或奖品。它与其他促销方式的最大差别在于时间上的拖延。消费者必须先购买商品，再收集点券、优待券或购物凭证，达到符合赠送的数量才可获得赠品。这种促销工具的优点主要表现在可以建立品牌的忠诚度，也可以在同类产品中创造产品差异化，另外在建立品牌形象的广告活动中，低成本的促销可以取代高预算的广告投资，同时，这种促销方式还可以提高商品使用频率并突破季节性限制。

9. 抽奖或竞赛活动

抽奖促销，是为使用者举办一些活动，使其有机会免费获得一些奖品、奖金、旅游机会等。比如饮料行业常举办开瓶大赠奖，在瓶盖或拉环下印有奖品或奖金数，可向厂商直接兑换。竞赛活动的参与者必须提供购物小票或必须符合某些合理的必备条件，方可参加该活动的评选。因此，竞赛通常需要具备三个要素，即奖品、参与者的才能和学识以及某些参加条件限制，并以此作为评选优胜者的依据。

最为流行的抽奖方式有：直接式抽奖，即从来件中直接抽出中奖者；兑奖式抽奖，即由厂商事先选定数字或标志，当一组奖券送完或到指定日期后，由媒体告知消费者，参加者若符合已选定的数字或标志即中奖。

10. 使用示范

即示范者在现场分送样品并做如何应用的示范表演。这一方式常用于化妆品、服装、小电器等的销售。

三、任务实训

结合本任务所学知识，请你试着为君乐宝公司的新产品制订一份免费派发的促销文案。

（一）背景资料

君乐宝乳业集团创立于 1995 年，28 年来始终专注于奶业发展，为消费者提供健康、营养、安全的乳制品。集团现有员工 14000 余人，业务范围包括婴幼儿奶粉、低温酸奶、低温牛奶、常温液态奶、牧业等板块，在河北、河南、江苏、吉林等地建有 21 个生产工厂、17 个现代化大型牧场，销售市场覆盖全国。

近年来，君乐宝持续加大研发创新，不断优化产品结构，努力推动奶业高质量发展，首创"全产业链一体化"和"五个世界级"生产经营模式，努力实现四个"最"：质量最优、品牌最强、社会最放心、消费者最满意。

新品：果纤君畅果粒纤维乳酸菌饮品（沁透原味）。

规格：270ml/瓶。

保质期：6 个月，高纤 0 脂，身心欢畅。

自主研发 N1115 菌：获得发明专利证书。

果粒＋纤维＞8.1g/瓶：果粒纤维＋膳食纤维，Q 弹果粒，高纤配方。

0 脂肪：贴心 0 脂肪设计，健康美味，身心欢畅每一天。

（二）实训要求

在不同的前提和背景下，确定新产品免费派发的促销文案内容，并完成撰写。

1. 本次实训以小组为单位，小组成员分工合作，注意团队内部成员的协作。

2. 能够正确分析新品促销的目的，按照意图撰写适宜采用的促销文案，并说明理由。

（三）实训思路

1. 将学生分成若干工作小组，教师布置实训任务，学生明确实训目的和时限要求。

2. 小组讨论后，确定促销文案。

3. 教师对各小组的讨论结果进行点评。

（四）实训考核

每个学生真正了解促销工具，在此基础上强化对促销类型的理解。

任务二　促销计划书

促销计划书是指制订促销的各项计划及措施，通过各种促销方式向消费者或用户传递产品信息，以引起他们的注意和兴趣，激发他们的购买欲望和购买行为以达到增加销售的目的。

📝 案例导入

中秋节×月饼促销计划书

中秋节在众多节日当中占有重要的一席之地，节日消费市场性很强的月饼，也成了一块炙手可热的蛋糕。

一、促销目的

每年的农历八月十五，是我国最具民俗传统文化气息的节日之一——中秋节。中秋节一方面可以赏月，另一方面也可以感受节日欢乐团圆的气氛。在现代生活中，中秋节更多地象征着吃月饼、燃灯、猜谜、扎灯笼、玩花灯、拜祖先等，主要满足人们团圆喜乐的心理。因此，根据这一节日特点，特制定本促销方案，以求达到提升品牌知名度和节日销售的目的。

二、产品分析

月饼作为中秋节的重要元素，其由来历史悠久。中秋节赏月和吃月饼是中国各地过中秋节的必备习俗，代表家人团圆的寓意。

三、渠道分析

×月饼的产销量在全国名列前茅，销售网络遍及全国各省会城市及周边重要城市，拥有多家分公司和连锁店并销往世界各地。×月饼在广州市场设有分公司，并利用代理商的良好销售渠道在广州的各大超市、零售卖场均设有销售网点。

四、竞争对手分析

Y是一家大型的专业速冻食品生产企业，注册资金 5000 万元，年销售额十几亿。经过多年对市场的精耕细作，Y公司已形成遍及全国的经销网络，基本涵盖了全国所有的地级城市。Y公司设在全国各地的分公司都已迅速成长起来，成为当地速冻行业的一支生力军。Y公司的月饼系列食品主要为广式和京式月饼，品种较多，但礼盒产品空缺。Y牌月饼系列产品并不是Y公司的王牌产品，但依靠其强大的品牌影响力和广告投放，已成为×最具威胁的竞争对手之一。

五、中秋节促销主题

（1）中秋节月饼，购物满就送。

（2）猜谜语，实惠购。

（3）八月中秋节，随心DIY。

六、促销方式

（一）商品促销

1. "中秋节月饼，购物满就送"活动

活动内容：凡中秋节当天，在当地各连锁超市一次性购物满38元，即可凭电脑购物小票到服务中心免费领取月饼一个，每店限送200个，数量有限，送完即止。

2. 商品陈列

促销期间，要求场外有地理条件的门店将展台或展架放在场外进行促销；无地理条件的门店要求放在本店主通道或客流较集中的地方，以利于促进节日卖场气氛和商品销售（由采购部联系洽谈）。

要求各店在促销期间大面积陈列月饼礼盒，除展台或展架促销之外，各店在促销期间，应在主通道摆放3～5个月饼堆头。

各店在中秋节当天在不影响月饼质量和销售的情况下，可将5～10个月饼用食品袋装成若干数量包并打上价格标签，悬挂于各店货架旁边或顾客方便看到的地方，以便激发顾客的购买欲望，促进月饼的节日销售。

要求各店美工和管理干部、员工发挥水平，进行创意陈列和气氛布置。

3. 商品特卖

在促销期间，月饼和其他节日相关商品（如酒、茶叶、香烟等）均有特价捆绑销售。

（二）活动促销

1. 猜谜语，实惠购

（1）活动内容：凡在促销期间，超市一次性购物满18元的顾客，凭电脑购物小票均可参加"猜谜"活动。

（2）活动方式：在商场入口处设促销台，让顾客进行月饼品牌及价格竞猜，商品由采购部落实价格，价格一定要相当低，以顾客意想不到的价格出售，使顾客感受到实惠，为下一步的销售打下基础。

2. 八月中秋节，随心DIY

（1）操作步骤：采购部洽谈月饼材料——材料到位——活动宣传——各店组织比赛。

（2）参赛奖品：获得自己亲手制作的月饼。

七、相关宣传

（1）两款"月饼吊旗"卖场悬挂宣传。

（2）DM快讯宣传：DM快讯第一二期各40000份，第三期单张快讯40000份，平均每店1800份。

（3）场外海报和场内广播宣传。

八、相关支持

（1）采购部联系洽谈 5000 个月饼赠送给顾客。

（2）采购部联系洽谈 1000 斤月饼材料，举行月饼 DIY 比赛。

九、费用预算

（1）"中秋节月饼，购物满就送"活动：月饼每店限送 200 个×22 店＝4400 个。

（2）"猜谜语，实惠购"活动：数量价格由赞助商在各店促销决定。

（3）"八月中秋节，随心 DIY"活动：月饼散装馅料每店 30 斤×22 店＝660 斤。

（4）装饰布置，气球、横幅、主题陈列饰物，平均每店 300 元，费用约 6600 元。

（5）吊旗费用 10000 元。

思考

以上促销计划书包含哪些要素？

一、任务目标

了解促销计划书的框架并掌握促销计划书的写作要点。

二、相关知识

（一）促销计划书

促销计划书是公司或组织对某件产品进行促销时的工作指导，它是对产品与服务进行促销的工作计划。这就要求撰写促销计划书时尽可能完整、详尽。促销计划书包含很多种，可以分为年度促销计划、节日促销计划、专题促销计划等形式。

（二）促销计划书的框架

1. 促销目的

这部分主要说明本次促销活动要达到的促销业绩或者市场目标。

2. 促销时间

这部分主要说明促销活动的起止时间。

3. 促销主题

这部分主要介绍本次促销活动的主题，必要时要编写一条与促销活动相关的口号。活动主题应该迎合公众的心理，朗朗上口又有吸引力，但需要注意的是，必须保证内容的健康。

4. 促销对象

这部分主要说明实施促销的产品以及促销活动针对的人群。

5. 宣传方式

对本次促销活动的宣传方式进行介绍，说明活动宣传的口号、标语以及广告设计，此外还需说明广告投放的媒体以及广告播出频率。

6. 活动安排

这部分说明促销的实施地点以及促销场地布置方法，还需说明本次采取的促销方式，如打折、返现、抽奖等。

7. 经费预算

说明本次促销宣传、制作以及员工的费用。

8. 说明

该部分说明这次促销的相关注意事项，比如抽奖方式、奖品发放安排、顾客登记情况等。

三、任务实训

结合本任务所学知识，请你试着为小牛电动车拟订一份促销计划书。

（一）背景资料

小牛电动，是智能城市出行解决方案提供商，致力于为全球用户提供更便捷环保的智能城市出行工具。小牛电动是城市出行领域第一家生活方式品牌公司，传播科技、潮流、自由的品牌理念。

作为锂电两轮电动车企业，小牛电动开创了智能两轮电动车这个新品类。小牛电动自主研发了第 7 代 NIU Energy™ 睿电™ AI 动力锂电系统科技；同时，小牛电动自有的 NIU INSPIRE 智能技术和大数据算法，通过遍及车身的传感器，多维度采集和分析用户数据，挖掘用户骑行需求，不断优化产品线的分布，提升产品体验及服务。小牛电动有 N、M、U 三个系列，其中 U 系列第一款产品 U1，已经连续获得 7 项国际顶尖设计大奖，同小牛电动 M1 一样，是近 20 年来全球仅有的 2 款获得此荣誉的出行产品。

小牛电动为用户提供一年两季度免费整车保养。包含装配、制动、电气性能、轮毂、电池等 8 大类 27 项免费检测，一旦发现问题，这些项目均提供免费维修，全面保证小牛电动用户的出行安全。

（二）实训要求

了解在小牛电动车的背景下，应如何明确促销计划书的内容，并完成撰写。

1. 本次实训以小组为单位，小组成员分工合作，注意团队内部成员的协作。

2. 能够正确分析促销计划书的框架及要素，按照意图撰写适宜采用的促销计划书，并说明理由。

（三）实训思路

1. 将学生分成若干工作小组，教师布置实训任务，学生明确实训目的和时限要求。

2. 小组讨论后，确定促销计划书。

3. 教师对各小组的讨论结果进行点评。

（四）实训考核

每个学生真正掌握促销计划书的框架。

任务三　促销文案

 案例导入

即买即赠型促销文案

活动主题：买手机赠好礼

活动时间：2021 年 10 月 1～7 日

活动内容

（1）制作宣传海报，张贴在店门口。上面写明："您买手机，就送好礼！"并注明参

与促销的手机品牌，以及可以得到的赠品，比如蓝牙耳机、原装电池、耳机等。

（2）活动期间，凡是在本店购买××品牌手机，即可获赠免费贴膜一次，此外还可以获赠价值300元蓝牙耳机一个；购买××品牌手机，即可获赠免费贴膜一次，此外还可以获赠原装电池一块；购买××品牌手机，即可获赠免费贴膜一次，此外还可以获赠价值150元的蓝牙音响一只………

活动细则

商家所选择的赠品，应该是顾客选购手机之后，立刻就能使用的。当然，除了选择一些与手机有关的配件之外，商家还可以与移动、联通、电信等公司取得合作关系，联手进行促销，必然会取得更好的效果。

思考

对于即买即赠型促销文案在写作时需注意的要点有哪些？

一、任务目标

了解常见的促销文案的写作要点。

二、相关知识

（一）即买即赠型促销文案

即买即赠，顾名思义就是顾客在购买某件商品之后，立刻会得到相应的赠品。比如，有的顾客在购买手机之后，会得到音响、蓝牙耳机或者是自拍杆等赠品。这种促销方式最大的吸引力在于：顾客青睐赠品而购买产品。这样一来，商家就不用降低产品价格，只需要大量采购赠品，就能达到产品畅销的目的。因为促销效果比较好，所以很多商家都会采用这种促销方法。

为了保证促销的效果，在制订即买即赠文案之前，需要考虑到以下事项。

1. 促销目的

即买即赠不仅仅意味着单纯的产品促销，而是有目的地对新产品进行推广。明确了这一点，在选择赠品上，就应该选择当下比较流行的赠品，最好与新产品是同一品牌。

2. 选择赠品原则

首先要选定产品的目标消费群体，然后根据他们的消费习惯、消费心理、消费喜好等，选择合适的赠品。这样一来，才能通过赠品的赠送，带动产品的销售。此外，选择赠品时，还要考虑到成本问题，即在保证质量的基础上，尽可能降低成本。其次要做好赠品登记管理工作。为了保证促销活动的有序性和公平性，应该对赠品进行登记，做好管理工作，一方面是为了防止赠品被当成产品销售，另一方面是为了防止销售人员随意赠送赠品，导致赠品过早消耗完从而影响产品销售。

3. 限量赠送，刺激顾客

赠送顾客赠品，最终目的是刺激他们购买产品。所以，商家就要明白，赠品不能无限量地供应，应该在促销说明中，说明赠品是限量赠送，送完即止。这样一来，才能让顾客真正地加入购买行动当中。

4. 做好活动说明

因为产品促销是一件比较烦琐的事情，不论商家事前准备得有多充分，也避免不了发生一些意外情况。比如，赠品因为补货不及时，出现了断货的情况。为了避免不必要的纠纷，

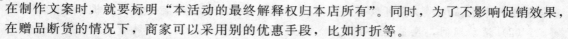

在制作文案时，就要标明"本活动的最终解释权归本店所有"。同时，为了不影响促销效果，在赠品断货的情况下，商家可以采用别的优惠手段，比如打折等。

5. 赠品要具备多重功效

商家在选择赠品时，除了考虑到赠品的促销效用之外，还要考虑到赠品的实用性，以及与产品本身之间的内在联系。比如，商家促销洗涤剂时，可以将护手霜当作赠品。一方面体现出商家的贴心，另一方面也起到一个提醒消费者的作用，即在使用完洗涤剂之后，还要保护好双手。

（二）积分有奖型促销文案

积分有奖促销通常有两种方式，一是顾客在购物之后，将购物凭证或者积分点券收集起来，达到商家所规定的数量时，即可兑换赠品。二是顾客必须到某个商家重复消费多次，才能得到相关赠品。

积分有奖这种促销方式，能够有效地促进顾客的购买频率，此外，它通过为顾客设定一个兑奖目标，促使顾客为了得到奖品，在某段时间内，持续购买某品牌的同时，还会极力推广该品牌，这在无形之中就会促进产品的销量。积分促销适用于销售量比较大的产品，因为对于顾客来说，他们对该产品已经有了足够的购买需求，在此基础上使用积分促销，往往能够引爆顾客的需求，实现提升产品销售的目的。反之，如果产品销售量不大，那么就说明顾客对该产品的需求不大，在这种情况下使用积分促销，也就难以达到预期的效果。除此之外，在使用积分有奖促销文案时还要注意以下几点。

1. 积分卡制作精美且方便

积分卡一定要符合本店的特色，最好是与银行卡一样的硬卡片，并且制作精美，便于长时间使用，同时对每张卡都进行编号，卡号与持卡人身份证号相对应。

2. 积分流程要简单、明了

有些商家在进行积分卡促销时，使用诸多不合理的兑换条件，导致自身的信誉下降，这是得不偿失的事情。所以在利用积分卡促销时，一定要实实在在让顾客获得实惠和利益，不能让他们有上当受骗的感觉。因此，在设计积分流程时，要尽量简单，便于计算；另外，最后奖励给顾客的奖品要具有实用性，并且质量过关。这样才能刺激顾客积极使用积分卡，从而达到促销的目的。

3. 适当延长积分时间

积累积分需要一定的时间，兑换积分时也需要一定的时间，所以促销期不能太短，要给顾客足够的时间去累积卡内的积分，通常都是以一年为限，而且积分卡能够重复使用。为了促销流程能够更加顺利，积分卡每一年兑换一次，如果没有兑换则积分自动清零，第二年重新累积。

【范例】

博览书店积分促销文案

促销主题：年底积分大换购

促销时间：2020 年 12 月 15～31 日

促销说明：（建议）

1. 凡是活动期间在本书店购书满 50 元者，即可凭购物小票持身份证到服务台办理积分卡，积分卡数量有限，先到先得，每人限办一张。

2. 活动期间，积分卡达 300 分以上，可免费领取 50 元的书籍，顾客在"50 元"区自行挑选。如果超出 50 元，需要补齐差价。

积分卡达 500 分以上，可领取 100 元的书籍，顾客在"100 元"赠书区自行挑选，如果超出 100 元，需要补齐差价。

积分卡达 1000 分以上，可领取 500 元的书籍，顾客在"500 元"赠书区自行挑选，如果超出 500 元，需要补齐差价。

3. 卡内积分 1000 分以上者，可到商场服务台处领取四大名著解读光盘精装版一套。

活动细则：

1. 顾客使用身份证和电话号码办理会员卡，积分卡如丢失，可以持身份证到商店补办，但需要收取 3 元的工本费。顾客在结账前出示积分卡，即可享受积分或者折扣优惠。

2. 本次积分有效时间为 2020 年 1 月 1 日—2020 年 12 月 31 日。

（三）竞技比赛型促销文案

随着时代的进步，越来越多的人喜欢通过各种比赛来展示自我才能，因此，商家举办的竞赛促销活动也受到了人们的欢迎。这种竞赛促销活动通常以一种特殊技能作为比赛主题，动员顾客参与其中，让他们展示自己的才华和技能，并对优胜者进行奖励。在激烈而愉快的竞技比赛中，不仅能拉近店铺与消费者的距离，而且能有效地提升店铺的品牌形象。相比特价、打折、赠送等促销，竞赛促销对顾客的针对性更强，因而能最大限度地激发顾客的参与激情。而且更重要的是，凡是与促销有关者，都会关心最后大奖究竟花落谁家，这样一来，商家从开始举办促销一直到结束，都可以得到免费的传播，从而能够提升店铺的知名度。此外，由于这类竞赛活动的促销成本较高，因此比较适用于经济实力较强且急需塑造品牌形象的商家，而且在举办促销前无法对促销效果进行评估，所以商家要做两种思想准备。

【范例】

某商场竞技比赛促销文案

活动主题：某商场寻找 2015 最萌形象代言人

活动时间：2014 年 5 月 15 日—6 月 15 日

活动说明：从顾客当中选择形象代言人能够有效地树立商场良好的形象，使商场更具亲和力，并能吸引来更多顾客，从而增加商品的销售量。一般来说，儿童、年轻人、中年人这三个不同年龄段的人是商场的主要消费群体，所以商场应该从这三个消费群体中依次寻找出三位不同年龄的代言人。

活动内容：商场向广大顾客征集一男一女两名儿童代言人，年龄 6～12 岁。形象代言人的照片将出现在商场的巨幅广告上，以及刊登在商场促销宣传单上，并可以参加商场举办的一些促销活动。

活动方式：

1. 在活动正式启动前半个月，商场可通过张贴广告、散发广告等方式向顾客公布征集启事。

2. 报名方式：参赛者在活动前 15 天内可以报名，附带参赛者的基本资料介绍和 2 寸免冠照片一张到超市指定区域报名。报名时间于活动开始前 2 天截止。商场通过筛选，最后选出 10～15 人参加现场选拔决赛。

3. 活动准备：在商场内部辟出区域或者在商场门口搭建活动台，用彩带、气球、横幅等营造出气氛，准备好音响、话筒等活动道具。

4. 现场选拔说明：每一个参赛者在超市搭建的演讲台上演讲一个童话故事。每名选手限时 10 分钟，由随机选择的大众评委和超市选的评委根据选手的语言、神态、服装打扮等现场发挥打分，公布谁是最终形象代言人。一男一女形象代言人可获得由商场提供的 888 元的商场购物券，另外凡参加决赛的人均可获得由商场提供的服装一套。

活动细则：寻找到儿童形象代言人后，商场应长期关注他们的成长，这有助于激发顾客的好奇心，增加他们参与活动的主动性。

（四）抽奖型促销文案

现实生活中，很多顾客都喜欢参与一些抽奖活动，渴望中大奖。许多商家就抓住了顾客这种"以小赢大"的心理，通过抽奖赢取现金或商品，以此来刺激顾客的购买欲望。这种促销方式不受参与对象学历、能力、知识、素质等条件的限制，只凭借参与者的运气。事实上，这种促销方法依然只是给了顾客折扣，只是形式上有些不同，把过去的折扣直接换成了奖品。这样做的好处是：既满足了顾客渴望中奖的愿望，又能给顾客带来实实在在的优惠。所以，这种促销方法就成了商家常用的促销手段，促销效果也很不错。但需要注意的是，抽奖促销虽然被广泛应用，但商家在设计促销文案时，还需要考虑到以下问题。

1. 做好活动的成本预算

所设奖品的费用，如果商家将人民币设置为奖金，根据国家规定，每笔奖金不得超过 5000 元人民币。所以，在奖品方面，一定不能违背国家的规定。除了将现金当作奖品之外，商家还可以将一些生活日用品作为奖品，既实用，又能引起顾客参与的热情。

2. 奖品的选择

从某种程度上来说，奖品也是商家的代言人。因此，要选择一些品质过硬、符合商家形象的产品。如果能够根据顾客的需求来选择奖品，则最好不过了。

3. 多设置小奖，提高中奖率，适量设置大奖

为了提高顾客参与的积极性，商家应该多设置一些小奖，并提高中奖率。这样就容易激发顾客中大奖的欲望。根据调查显示，顾客最感兴趣的奖项就是最高奖，如果没有大奖的设置，则无法引起顾客的参与欲望。因此，一定要设置一两个大奖。

4. 增加抽奖方式的多样性

虽说是抽奖促销，但如果整个卖场只有抽奖一种方式，未免有些单调，因此商家可以选择多种促销方式与抽奖相结合。例如：抽奖与优惠券组合，能够保证顾客参与抽奖活动没有中奖的同时，还可以将抽奖凭证作为下次消费的优惠券；抽奖与集点换物组合，当未中奖的抽奖券积累到一定数量时则可以到卖场换取一定数量的奖品。

5. 增强抽奖的趣味性

如果在抽奖中增加一些游戏环节，则能够很好调动起顾客参与的积极性，例如：将普通的抽奖箱变成大转盘、投飞镖、摇乒乓球等。在吸引顾客的同时，还能够起到宣传造势、扩大影响的作用。

【范例】

××商场抽奖促销文案

一、活动主题：元旦购物抽大奖

二、活动时间：2020 年 12 月 30 日—2021 年 1 月 3 日

三、活动目的

1. 通过此次抽奖促销，吸引潜在顾客来光顾我商场的同时，树立我商场的品牌形象，扩大品牌的知名度。

2. 与老顾客进行互动，增加他们的忠诚度，确保他们能够长期光顾我商场。

四、活动内容

1. 购物抽大奖

活动期间，凡是在本商场消费满××元的顾客，即可凭当日购物小票参加抽奖活动，就有机会赢取洗衣机一台。满××元可抽×次，以此类推。

2. 本次活动采用现场开奖方式，中奖者凭借购物小票以及中奖的奖券到服务台领取奖品，领奖最后期限为购物当天超市停止营业之前。

3. 本次抽奖活动共设置六个等级的奖项，具体设置如下。

一等奖：小天鹅双缸洗衣机一台

二等奖：九阳豆浆机一台

三等奖：迷你挂烫机一台

四等奖：鲁花一级压榨花生油一壶

五等奖：奥妙洗衣液一瓶

纪念奖：名人牙刷家庭装

五、活动宣传方式

1. 报纸：《××晚报》12月28日彩色通栏

2. 广告内容：

(1) 2020 年 12 月 31 日—2021 年 1 月 3 日，只要来××商场购物的顾客，就有机会赢取洗衣机、豆浆机、挂烫机等大奖。

(2) 2020 年 12 月 31 日—2021 年 1 月 3 日，××商场会进行为期 4 天的超低折扣活动，只要您来光顾，一定会满意而归。

3. 电视滚动字幕

(1) 播出时间：2020 年 12 月 25 日—12 月 30 日。

(2) 字幕内容：2020 年 12 月 31 日—2021 年 1 月 3 日，只要来××商场购物的顾客，就有机会赢取洗衣机、豆浆机、挂烫机等大奖。

4. 商场外条幅

(1) 悬挂时间：2020 年 12 月 25 日—2021 年 1 月 3 日。

(2) 条幅内容

A. 元旦节日惊喜大，××商场抽奖就中洗衣机。

B. ××商场回馈顾客，全场商品折扣销售。

C. 洗衣机、豆浆机、迷你挂烫机，总有属于您的一样。

5. 商场前宣传板

(1) 张贴时间：2020 年 12 月 25 日—2021 年 1 月 3 日。

(2) 张贴内容：活动内容以及奖项设置等。

6. 商场内广播

(1) 广播时间：2020 年 12 月 25 日—2021 年 1 月 3 日。

(2) 广播内容：活动内容以及奖项设置等。

7. 商场海报宣传

(1) 发放时间：2020 年 12 月 30 日—2021 年 1 月 3 日。

(2) 海报内容：本次活动折扣的商品、抽奖活动内容以及奖项设置等。

(3) 发放范围：人流量密集的街道以及社区。

8. 舞台布置摆放奖品

（1）摆放时间：2020 年 12 月 30 日—2021 年 1 月 3 日。

（2）把奖品大量陈列在抽奖舞台上，让过往的公众看到之后，产生"自己可能获奖"的心理，从而加入此次抽奖活动。

六、活动实施操作

1. 刊登报纸用的广告，必须在 2020 年 12 月 27 日前设计好，并能及时提交报社。

2. 刊登电视用的广告，必须在 2020 年 12 月 24 日前准备好，并能及时提交电视台。

3. 用于宣传的条幅以及宣传板内容，必须在 2020 年 12 月 24 日前设计制作好并按要求悬挂、张贴。

4. 舞台的布置、奖品、活动道具等，必须在 2020 年 12 月 30 日前全部准备完毕。

活动细则：抽奖活动相关人员在活动当天务必按时上岗，主要负责人员及时检查店内商品及奖品的数量，如有缺失，及时补货。

三、任务实训

结合本任务所学知识，请你试着为 Xiaomi 12 Pro 拟订一份适合本产品的促销文案。

（一）背景资料

小米公司 2010 年 4 月成立，是一家专注于高端智能手机自主研发的移动互联网公司，由前 Google、微软、金山等公司的顶尖高手组建。Xiaomi 12 Pro 是小米公司于 2021 年 12 月 28 日在"Xiaomi 12 新品发布会"发布的手机产品。

Xiaomi 12 Pro 采用 6.73 英寸微曲柔性屏，有黑、蓝、紫、原野绿四种颜色可选，机身长度 163.6mm，宽度 74.6mm，厚度 8.16mm（玻璃版）/8.66mm（PU 版），重量 205g（玻璃版）/204g（PU 版）。

Xiaomi 12 Pro 采用骁龙 8 移动平台，支持动态性能调度，搭载 VC 液冷立体温控系统，拥有 4600mAh 电池，内置小米澎湃 P1 充电芯片，支持 120W 小米澎湃秒充、50W 无线秒充，采用 2K AMOLED 超视感屏，支持智能动态刷新率，后置 5000 万像素三主摄，前置 3200 万像素镜头，配备哈曼卡顿立体声四单元扬声器。

（二）实训要求

在了解小米公司的背景下，制订促销文案并完成撰写。

1. 本次实训以小组为单位，小组成员分工合作，注意团队内部成员的协作。

2. 能够正确分析促销文案的框架及写作要点，按照意图撰写适宜采用的促销文案，并说明理由。

（三）实训思路

1. 将学生分成若干工作小组，教师布置实训任务，学生明确实训目的和时限要求。

2. 小组讨论后，确定促销文案。

3. 教师对各小组的讨论结果进行点评。

（四）实训考核

每个学生真正掌握促销文案的写作要点。

项目七
渠道管理文案

📚 **学习目标**

🌐 **知识目标**

1. 理解渠道管理的作用及意义。

2. 掌握渠道管理的基础知识。

3. 掌握渠道管理文案的写作结构。

4. 了解渠道管理文案写作技巧。

🌐 **技能目标**

1. 能够编制营销渠道计划书。

2. 能够制订渠道窜货管理方案。

🌐 **素质目标**

1. 具有工匠精神,树立职业目标。

2. 具有团队精神和协作能力,小组能够分工协作完成任务。

3. 具有应变能力,能够根据企业的资源合理编制营销渠道计划书。

4. 具有效率意识,渠道窜货处理方案能高效解决问题,减少企业的损失。

5. 具有良好的职业道德和职业操守,在渠道管理过程中实事求是、客观公正,不压榨中间商,树立合作共赢的理念。

6. 具有创新精神,能够提出具有创造性的建议,善于解决问题和灵活运用渠道管理知识,实现渠道效益最大化。

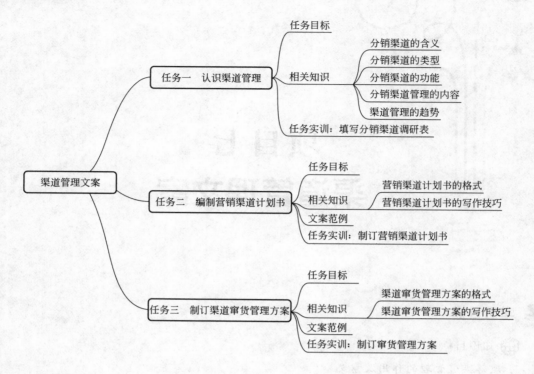

学习导图

渠道管理文案

- 任务一　认识渠道管理
  - 任务目标
  - 相关知识
    - 分销渠道的含义
    - 分销渠道的类型
    - 分销渠道的功能
    - 分销渠道管理的内容
    - 渠道管理的趋势
  - 任务实训：填写分销渠道调研表
- 任务二　编制营销渠道计划书
  - 任务目标
  - 相关知识
    - 营销渠道计划书的格式
    - 营销渠道计划书的写作技巧
  - 文案范例
  - 任务实训：制订营销渠道计划书
- 任务三　制订渠道审货管理方案
  - 任务目标
  - 相关知识
    - 渠道审货管理方案的格式
    - 渠道审货管理方案的写作技巧
  - 文案范例
  - 任务实训：制订审货管理方案

任务一　认识渠道管理

分销渠道是指产品或服务从生产者向消费者转移时，取得这种产品或服务的所有权或帮助其所有权转移的所有企业或个人。产品和服务从生产者向消费者转移过程的具体通道或路径就是营销渠道，营销渠道消除产品、服务与使用者之间的距离。渠道管理是为实现分销的目标而对现有渠道进行管理，保证公司和中间商之间、中间商之间相互协调和共同合作，共同谋求最大化的长远利益。

伴随着产品同质化、价格透明化的市场环境，如果不能合理布局渠道，企业的产品就难以转化为货币，企业就将失去生存发展的源泉。渠道是否合理和畅通关乎企业的命运，在一定程度上，可以说渠道管理是企业制胜的关键因素。

案例导入

元气森林的渠道管理

元气森林成立于 2016 年，是自主研发自主设计的创新型饮品品牌。其产品系列包括苏打气泡水、乳茶、燃茶等。截至 2020 年 11 月，元气森林现已出口到美国、澳大利亚、新西兰、日本、新加坡等 40 多个国家。2020 年元气森林在"618 购物节"天猫饮品类销量排名第一，2020 年"双 11 购物节"天猫和京东水饮品类销量第一。这个起家于线上渠道的品牌，2021 年针对线下渠道设定的销售目标为 75 亿元，这比 2020 的预定目标 21 亿元整整多了 54 亿元。

　　元气森林设定这么高的目标是有原因的，自 2016 年燃茶作为元气森林第一款爆红饮料打开市场后，元气森林就正式打开了与各地经销商的深入合作。从品牌创建到现在四年的时间里，元气森林搭上了中国连锁便利店高速发展的顺风车，由于便利店的主要消费群体和元气森林的目标客群高度重合，再加上元气森林的产品本身自带营销属性，一经上架，就让人忍不住想尝试一下这款颜值颇高的新品饮料。连锁便利店相对于私人便利店，有着一套比较正规的流程，对于进货、补货速度的把控更具流程化，能够做到及时反馈销售数据，地理位置所对标的消费者也更符合元气森林的消费习惯。由便利店打开局面，再逐步进军大型商超和零散夫妻店，这可以让元气森林把渠道的费用都花在刀刃上，有效减少了后续的进场费用。

　　2021 年元气森林将重点放在落实对线下经销商的差异化管理上，通过建立一套打分体系，筛选出"核心经销商"，给予其更多的激励，其中也包括授予一定的公司股权。销售数据是用于分析销售情况，制定下一步公司策略的依据，反馈越及时越准确，对于销售决策和调整越有利。元气森林遭遇到的最大困境，在于经销商们不愿向品牌方提供必要的经营数据反馈。针对这个瓶颈，元气森林想用更多的系统化工具和智能硬件来提升渠道管理效率，该公司透露其正在开发一套"物流—仓储—门店"的管理工具。在 2021 年二季度面对渠道终端投放 8 万台的智能冰柜，这些自主研发的冰柜将全部联网，每卖出一瓶饮料，其销售数据都会实时呈现给元气森林。此外，元气森林对于经销商也有新的测评制度，其中重要的一项考核是冰柜与网点的联通效率。元气森林认为要打造一个更高效的渠道体系，需要做到端到端的数据打通。结合智能技术的不断提升，供应链的效率也将大幅度提高，节省了管理成本，元气森林走出了一条独特道路。

 思考

（1）元气森林提高线下销售目标的原因有哪些？

（2）元气森林如何鼓励零售商使用智能冰柜？

一、任务目标

　　理解分销渠道管理的含义和类型，了解渠道管理的功能和发展趋势，重视渠道管理工作，掌握渠道管理的工作步骤。

二、相关知识

（一）分销渠道的含义

　　分销渠道是产品或服务从制造商向消费者转移时，所经过的由各个中间商连接起来的整个通道。分销渠道对企业的发展有弥补作用，能够解决产品产需在时间上不一致的矛盾，保证了消费者的需求。消费者可以获得企业的产品或服务，企业从中获得经济收益。分销渠道包括代理商、批发商、零售商，此外还包括作为分销渠道起点的制造商和终端消费者。

（二）分销渠道的类型

1. 渠道长度

按照中间机构的级数可以将分销渠道划分为以下 4 种类型。

（1）零级渠道　制造商直接将产品销售给消费者，没有中间商环节，也称为直接渠道。

（2）一级渠道　制造商向零售商供货，再由零售商将产品销售给消费者。

（3）二级渠道　制造商先将产品供应给批发商，再由批发商将产品供应给零售商并销售给最终消费者。

（4）三级渠道　制造商先通过代理商将产品分销给批发商，再由批发商销售给零售商，最后由零售商销售给消费者。

分销渠道按照中间机构的级数分类如图7-1所示。

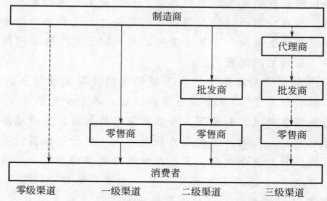

图 7-1　分销渠道按照中间机构的级数分类

2. 渠道宽度

渠道宽度是指在每一层级渠道内，中间商数量的多少、竞争程度及市场覆盖密度。按照渠道宽度的不同可以将分销渠道分为以下三种。

（1）密集型分销渠道　密集型分销渠道是指制造商在同一渠道层级上选用尽可能多的渠道中间商来分销本企业产品的一种渠道类型。这种销售渠道的优点是市场覆盖率高，顾客购买便捷。其缺点是市场竞争激烈，尤其是当价格竞争激烈时，容易导致市场混乱，当中间商的数目过多，企业无法控制渠道行为时，容易给渠道管理增加一定难度。

（2）选择型分销渠道　选择型分销渠道是指制造商选择少数符合本企业要求的渠道中间商来分销本企业产品的一种渠道类型。这种销售渠道的优点是节省费用开支，提高营销的效率；企业通过优选中间商，维护品牌声誉；进入市场初期可进行试探性销售，便于企业积累经验，调整市场销售策略，减少销售风险。其缺点是制造商与中间商之间的联系以履行合同来维系，当任何一方的行为有损于合同的执行，便会使产品的流通渠道受阻。

（3）独家分销渠道　独家分销渠道指在特定的市场区域内选择一家中间商经销其产品。独家分销渠道属于专营型分销渠道。这种渠道有利于维持市场的稳定性，有利于提高产品价格，有利于提高销售效率。

3. 影响渠道宽度的因素

影响分销渠道宽度的因素包括：产品因素、市场因素以及企业分销战略等。

（1）产品因素　产品从制造商到消费者，贯穿于分销渠道的始终，深刻地影响着分销渠道目标的实现，进而对分销渠道宽度的设计也具有一定的影响。一是产品越重、体积越大，则渠道越窄。例如建筑材料、机械设备，分销成本较高，运输、储存较为不便，则应尽可能选择窄的分销渠道。二是对于产品价值较大的产品，例如珠宝、电器、汽车等，则比较适合选用较窄的分销渠道，否则会无人问津，渠道受阻。而对于那些产品价值较小的日用小商品，如牙刷、洗发水等，单价较低，则宜考虑选择较宽的分销渠道。

产品越是非规格化，渠道越窄；产品越是规格化，渠道越宽。由于已实现了规格化和标准化的产品的通用性较强，则可考虑采用较宽的渠道进行分销。如用户分散的量具、成衣、鞋帽等。而对于那些非规格化且不太常用的产品，如为私人量身定制的服装、私人定制的家具、特殊加工的零件等通常要供需双方进行直接洽谈确定产品细节，则适宜选择窄的分销渠道。

对于技术性较强的产品，宜采用较窄的分销渠道，例如大型的服务器，需要专业的技术工程师向客户介绍产品；相反技术性不是特别高的产品，例如普通的家用计算机则适宜采用较宽的渠道。对于生命周期较短的产品，宜采用窄渠道；而生命周期长的产品，可考虑宽渠道。

分销产品的耐用性对渠道的宽度有一定的影响。人们对耐用产品的使用和消费要持续较长的一段时间，耐用产品常具有价值高和生命周期较长的特征，一般适合较窄的分销渠道。例如住房、汽车、家具、电脑、彩电等。非耐用产品是指人们对它的使用和消费持续时间很短。具有价值低、体积小、分量轻、生命周期短等特征的产品，一般适合较宽的分销渠道。例如化妆品、零食等日常生活用品。

（2）市场因素　市场因素主要是市场规模大小和市场聚集度。当市场规模较小时，企业可选择那些较窄的分销渠道，通过较少的分销商进行产品分销。市场规模较大时，企业选择较宽的分销渠道，通过更多的分销商进行产品分销。例如饮料产品市场空间大，选用较宽的分销渠道较为合理，便于分销产品。市场聚集度是指目标顾客居住地分布范围的密集度。市场聚集度弱，则目标顾客居住比较分散，分布空间范围较广，企业可采用较宽的渠道模式，使多个批发商和零售商分布于目标顾客居住地，有利于产品的分销，提高分销速度，增加销售量。市场聚集度强，则目标顾客居住比较集中，分布空间范围较小，企业可采用较窄的渠道模式，可以直接把产品销售给他们，有利于控制产品价格，掌握消费者信息的反馈，提高服务满意度。

（三）分销渠道的功能

1. 调研

中间商收集整理消费者与潜在消费者、竞争者与替代品及营销环境等方面的信息并向分销渠道内的其他成员传递，实现渠道内的信息共享。

2. 促销

中间商间通过各种促销手段，把产品或服务的有关信息传递给消费者，激发消费者的消费欲望，促使其交易成功。

3. 寻求

分销渠道为中间商寻找、物色潜在买主，并促进相互沟通。

4. 分类

分销中间商按照买方要求分类整理产品，按产品相关性分类，组合改变包装大小，分级摆设。

5. 谈判

中间商参加价格和其他交易条件谈判，以促成最终合同的签订，实现产品所有权的转移为目标。

6. 物流

商品从生产下线起进入分销过程，分销渠道要承担产品实体的运输和储存功能。

7. 融资

中间商收集并分配资金，用以支付渠道工作所需费用。

8. 风险承担

中间商在分享利益的同时共同承担由产品销售、市场波动等各种不可控因素所带来的种种风险。

（四）分销渠道管理的内容

分销渠道管理是制造商为实现企业分销的目标而对现有渠道进行管理，以确保中间商之间、企业与中间商之间相互协调、互助合作，共同谋求最大化的长远利益。分销渠道管理工作包括以下内容。

1. 选择中间商

企业需要从多个角度考察中间商，进行科学选择，首先，收集中间商的信息，评估其资金实力、业务范围、仓储能力、销售网络、业界口碑等信息。中间商能够配合制造商的营销工作，积极开发和维护市场。其次，面对开拓新市场，中间商需要具备开发市场和管理下游销售网络的能力。如果是成熟品类产品，则需要中间商拥有强大的资金实力和配送能力。企业在选择中间商时，一定要考察其各方面的实力，是否与企业的发展现状和要求相匹配。对于零售商，重点考察其销售网络的覆盖面是否广泛、铺货速度、消费者购买的便捷性等。

2. 管理中间商

企业需要对中间商进行有效激励和管理，激发中间商的积极性、指导中间商解决困难、解决中间商之间的冲突。企业可以通过自身的强制力、回报力、法定力、专长力和感召力发挥管理作用。

（1）强制力　企业可以对中间商的不合作行为采取撤回资源或终止合作关系的措施，发挥强制力规范中间商的行为。企业不能滥用强制力，否则会导致中间商产生抵触情绪。例如，企业要求中间商只能按指导价格销售，若中间商不遵守，企业则会停止对其供货。

（2）回报力　企业可以对完成特定项目任务的中间商给予额外的奖励，调动中间商的积极性。企业根据分销商的推销业绩给予奖励，比如对中间商陈列商品、举办产品展览会、员工培训等活动提供资金支持或物料支持。

（3）法定力　企业可以要求中间商履行双方合作而执行其职能的权利。

（4）专长力　企业因为掌握某些资质与能力，不受其他任何个人与企业的约束而对中间商构成的控制力。例如农药企业为中间商提供农药播撒知识的综合服务，从而提升了产品用户的忠诚度。

（5）感召力　中间商对企业心怀敬意，希望与企业保持长期合作的关系。

3. 评估中间商

企业应通过科学、全面、合理的评判标准，对中间商进行全面评价。对顾客满意度高的中间商进行奖励，对顾客满意度比较低的中间商取消合作。例如企业可以通过中间商的销售定额完成情况、服务水平、存货水平等对中间商进行评估。

4. 改进和优化分销渠道

分销渠道要定期进行改进和优化，企业应根据产品的生命周期、市场的变化、竞争者情况以及消费者行为变化，不断对分销渠道进行改进和优化。

（五）渠道管理的趋势

现在渠道管理的趋势表现为以下三点。

1．渠道结构以搭建终端市场为中心

终端为王就是谁掌握了销售终端，谁就是市场的赢家。伴随着商品的极大丰富，市场供给大于需求，依靠顶端和中端销售不再能够适应现在的市场竞争。企业将注意力转移到终端的管理，由之前的经营渠道变为经营终端。企业进行了很好的广告宣传，但如果消费者无法买到你的产品，那就无法实现销售，企业自然也无法获得利润。产品只有占据终端市场，通过销售场所展现产品，才有可能被顾客购买，所以企业只有控制了终端，才能控制市场的主动权。例如在销售终端超市，企业很在意自己的产品是否占据黄金位置，商品陈列是否美观、是否提升企业形象，树立品牌影响力。

2．建立与中间商的伙伴型关系

在伙伴式销售渠道中，企业与中间商是一个发展共同体，厂家控制渠道，使分散的中间商形成体系，中间商为实现共同的目标而努力。

3．渠道体制呈现扁平化发展方向

销售渠道改为扁平化结构，销售渠道变短，增加销售网点。销售渠道改为扁平化后，因销售渠道变短，企业对销售渠道的控制力增强；销售网点的增加可以促进商品销售和铺货。企业直接面向经销商、零售商，提供更加快速的服务和支持，获取中间商反馈的信息也更为快速。

三、任务实训

结合本任务所学知识，了解分销渠道的类型，调研农夫山泉的分销渠道模式，进一步加深对各类分销渠道的特点及作用的了解，并对已有方案进行针对性的优化。

（一）背景资料

农夫山泉股份有限公司成立于1996年，中国饮料20强之一，是在中国市场上同时具备规模性、成长性和盈利能力的饮料龙头企业。2012年至2019年间，农夫山泉连续八年保持中国包装饮用水市场占有率第一，以2019年零售额计，农夫山泉在茶饮料、功能饮料及果汁饮料的市场份额均居中国市场前三位。农夫山泉旗下产品包括：饮用天然水（饮用天然水380mL瓶装、饮用天然水750mL大瓶装、饮用天然水1.5L桶装、饮用天然水4L桶装、饮用天然水19L桶装、天然矿泉水运动盖装、含锂型天然矿泉水、婴幼儿饮用天然水、苏打水天然水饮品、天然矿泉水玻璃瓶装、天然矿泉水生肖瓶）、茶类（茶π、东方树叶）、功能饮料（尖叫、维他命水）、果汁类饮品（农夫果园、水溶C100、NFC、17.5°果汁）、植物酸奶、炭火咖啡。其产品主要通过以下形式来进行销售。

1．超级市场：包括连锁超级市场、独立超级市场、仓储式超级市场等。

2．食杂店：居民区内、临时性建筑或以售货亭经营饮料、食品等生活必需须品的便民店、小卖部等。渠道分布面广、营业时间较长。

3．购物及服务渠道：商场、健身房、体育场内设有的饮品售卖机、水吧、冷饮摊位。

4．餐馆酒楼渠道：即各种档次的餐厅、咖啡厅、酒吧等。

5．景区休闲娱乐渠道：公园、旅游景点、电影院内的售卖机、冷饮店、小卖部。

6．交通窗口渠道：汽车站、火车站及餐车、机场、船舶码头等。

7．电商平台：淘宝、拼多多、京东。

8．新零售渠道：微信小程序"农夫山泉送水到府"、抖音橱窗、小红书等。

（二）实训要求

结合背景资料，对中间商的作用有进一步的了解，可以结合实际案例对分销渠道有直观的认知和接触。

1. 本次实训以小组为单位，小组成员分工合作，注意团队内部成员的协作。

2. 调查各分销渠道销售的产品，分析不同分销渠道的特点并且分析正确、理由充分。

（三）实训思路

1. 将学生分成若干工作小组，教师布置实训任务，学生明确实训目的和要求。

2. 调查本地农夫山泉的销售市场，了解该品牌的分销渠道情况，填写渠道调研表格。

3. 分析该品牌分销渠道模式，以小组为单位，讨论该品牌分销渠道的特点和利弊。

4. 采用头脑风暴法，提出该品牌分销渠道的优化建议。

5. 各小组完成渠道调研报告。

（四）实训考核

按照分销渠道调研表的内容，进行实地调研。根据调研的实际情况完成农夫山泉分销渠道调研报告。能简明概括各渠道的特点和利弊，提出该品牌分销渠道的优化建议，分析过程有理有据。

分销渠道调研表

分销渠道类型： 　　　　　　地点：

调研人员： 　　　　　　调研时间：

销售产品名称	销售产品规格	产品售价	年销量	产品陈列合格率	店内宣传物	店面宣传物	焦点营造	服务体验满意度	销售人员专业性

任务二　编制营销渠道计划书

营销渠道计划书是企业根据经营目标，对整个营销渠道进行合理布局和规划的计划类文书。营销渠道可以实现物流、信息流、货币流、商流、促销流的有序运转。

一、任务目标

明确营销渠道的重要性，掌握根据市场环境和竞争的变化规划营销渠道模式，保证企业经营目标的实现。掌握营销渠道计划书的写作技巧，语言准确、格式规范。通过完成本任务，能够编制营销渠道计划书。

二、相关知识

（一）营销渠道计划书的格式

通常情况下，营销渠道计划书应包括以下内容。

1. 标题

标题是由企业或品牌名称、营销地区共同构成，若营销渠道为整体渠道规划，可略去营销地区。如××品牌在亚洲地区营销渠道计划书、××品牌营销渠道计划书。

2. 前言

前言是对当前的市场环境分析、企业的营销目标、市场前景的概括性描述。

3. 销售渠道现状分析

营销渠道现状分析主要是描述企业营销渠道的现状，分析各营销渠道的优劣势。

4. 销售渠道设计

销售渠道设计指为实现分销目标对各种备选渠道结构进行评估和选择，进而开发建设新的营销渠道的论证过程。

5. 附录

对营销渠道计划书需要进行补充说明的图表。

(二) 营销渠道计划书的写作技巧

1. 根据顾客特性进行设计

营销渠道计划书的文字不需要华丽辞藻，语言要简练，内容上直奔主题。既要有宏观的分析，也要结合客户自身的实际特性进行针对性的分析。例如，既要对企业所处行业状况和市场竞争状况进行分析，也要针对竞品详细地分析其价格、市场占有率、销售渠道等。

2. 论证严密

营销渠道计划书是对营销渠道进行设计和论证，结合企业营销渠道的现状，根据当前的市场环境，为实现企业营销目标，对营销渠道建设进行规划。营销渠道计划书明确渠道建设目标，列出营销渠道类型及翔实的渠道建设数据，并对能否达成渠道建设目标进行论证。

3. 具有可行性

营销渠道计划书拟订切实可行的营销渠道建设进度安排，保证营销渠道建设有序完成。营销渠道计划书中渠道开发预算及开发周期等项目用数字与图表相结合进行展示更为直观。营销渠道计划书能够对后续营销渠道建设给出明确的指导方案。

三、文案范例

××化妆品营销渠道计划书

一、市场环境分析

中国的化妆品市场是全世界最大的新兴市场，在短短的 20 多年里，中国化妆品产业从小到大，由弱到强，从简单粗放到科技领先、集团化经营，全行业形成了一个初具规模、极富生机和活力的产业大军。化妆品企业如雨后春笋般越来越多，名目繁多的化妆品品牌层出不穷，市场竞争愈演愈烈。目前，在中国美容化妆品市场中，外资或合资企业所占的市场份额已接近 80%。随着近年来中国传统文化的回归，汉方护肤的理念逐渐重回人们的视野，中国消费者对护肤产品的了解也越来越多，护肤产品已成为消费者日常生活中不可缺少的日用品。

化妆品市场大部分仍被外来品牌所占领，如兰蔻、香奈儿、雅诗兰黛、欧莱雅等，但是随着经济实力的不断增强，国产护肤品也不甘示弱，经过多年来不懈地创新和技术升级，国内化妆品也逐渐走向成熟，涌现出了很多受国人青睐的国货品牌，甚至掀起一场国潮风。

二、企业的营销目标

××品牌成立于19××年，是一家拥有悠久历史的中国著名护肤品牌。××品牌一直秉承安全护肤之道，潜心钻研安全无刺激的草本护肤方式，将草本文化与东方生活完美融合，由本质入手解决肌肤各类问题，致力于带给消费者安全天然的护肤体验，品牌力求呈现东方之美。2012 年××品牌的年销售规模是 18 亿元。2013 年××品牌入围天猫"双 11"美妆类销售榜单前十。2015 年，××品牌年销售额 108 亿元。达到了 2012 年的 6 倍，不仅成为国货化妆品品牌销售第一，其在电商的销售也取得了天猫年度总销售和"双 11"的双料冠军。

近几年，中国护肤品市场正在以两位数的增长率高速增长，消费者的消费模式也趋于多层次、多样化。到目前为止，我国护肤品品种有 1300 多种，在全国化妆品市场上占 40% 左右的份额，这表明在我国护肤品的购买率和使用率比较高，而且呈逐年上升的趋势，其深层次原因主要是中国女性的经济能力逐年提高，女性高学历和高收入者逐年增加，"她经济"正在成为一种新趋势。

三、××品牌销售渠道现状分析

作为××品牌，应借助化妆品市场高速增长的有利时机，吸引优质经销商合作，搭建有效的销售渠道网络，确保销售渠道的畅通，让产品能够广泛直达消费者，赢得消费者的口碑。××品牌在销售渠道建设上存在一些问题，主要表现在销售渠道狭窄且有限；销售信息不对称，无法及时获得市场信息；销售链条不完整，销售能力尚有很大的上升空间，但未挖掘；销售环节未实现信息化；销售渠道的规划不合理；新产品推广铺货速度慢，渠道的促销能力较弱等。

四、销售渠道设计方案

1. 分销渠道设计

代理	化妆品集合店	超市专柜	线上专卖店
直销	××品牌连锁店	商场专柜	线上旗舰店

2. 营销渠道模式

根据不同区域的情况，采用区域经销商制、直营零售制、直供连锁制相结合的营销渠道。

（1）区域经销商制　即厂家——代理商——批发商——零售商——消费者。

（2）直营零售制　即厂家——零售商或专卖店——消费者。

（3）直供连锁制　即厂家——连锁店——消费者。

将一线城市列为一二级市场，实行直营零售制，可以直接接触批发商，缩短供货时间，提高批发商与厂家的沟通效率，提升对其监督管理的水平。将三线城市和偏远城市列为三四级市场，采用区域经销商制，建议一个区域不超过 2 个大的代理商。这种传统的代理制度虽然存在效率低、成本高的缺点，但是对于××品牌而言，其市场定位面向最广泛用户群体，是最合适的方式。

五、××品牌渠道建设目标

××年，选择具有良好经营业绩和资金实力的经销商并进行培育，开发区域经销商××个，建立××家终端销售门店；选择具有规模和美誉度的商家进行合作，例如万××城、苏宁××等，开设直营连锁店××个；选择黄金商圈，提升××品牌连锁店店面形象，选择一二线城市开设××品牌形象店××个；利用自身电商事业部，完善网上新零售渠道，实现对各大主流新媒体平台的覆盖，加强对直播人员的培训及考核，提升线上销售力。

六、各渠道开发规划安排

1. ××年2—3月，确定直营连锁店合作机构、确定品牌形象店地理位置。××年4月×日前，所有直营连锁店及品牌形象店亮相。

2. ××年2—4月完成对经销商培育及合作协议的签署，终端销售门店亮相。

3. ××年2—3月，打造高效直播团队，完成各直播间团队的搭建，并初步磨合完毕。

七、费用预算

略。

四、任务实训

结合本任务所学知识，请你为以下公司制订一份营销渠道计划书。

（一）背景资料

农夫山泉股份有限公司是在中国市场上同时具备规模性、成长性和盈利能力的饮料龙头企业。该公司旗下的水溶C100果汁饮料，定位于时尚果汁饮料，每瓶饮料中所含维生素C相当于5个半新鲜柠檬，以柠檬汁作为口感卖点，符合了年轻人喜好刺激口感的口味，象征着高档的柠檬汁，避开了同质化的激烈竞争。水溶C100果汁饮料价格定位于4.5元一瓶，该饮料占据了整个饮料市场10%的市场份额。国内多家知名饮料公司采取了追随策略，陆续推出与水溶C100十分接近的产品，并提出了基本相同的产品定位和品牌主张。

因超市消费群体相对较多，铺货场地大，仓储空间充足，产品营销宣传效应较好，水溶C100的渠道主要以超市为主，便利店、小卖部和自动售货机为辅。以超市作为主要销售渠道，降低了产品的运输成本，同时选择口碑较好的超市，也能够让消费者信赖产品的质量和服务。

水溶C100的目标用户群体为15～35岁的女性群体，目前随着购物习惯的改变，目标用户群体去线下购物的频率变少，去超市购物多以中老年群体为主。水溶C100希望：一是提升在电商平台的销售力度。二是提升售卖机的覆盖城市数量，增加售卖机在不同消费场所的投放数量。三是打通网上新零售渠道，实现对各大主流新媒体平台的覆盖，提升线上销售力。

（二）实训要求

在任务一结论的基础上，认识到各渠道的优势以及学会合理地选择渠道，认识到渠道管理的重要作用。

1. 本次实训以小组为单位，小组成员分工合作，注意团队内部成员的协作。

2. 营销渠道计划书结构正确，用词准确。

3. 条理清晰、逻辑严谨、文笔流畅。

4. 营销渠道计划书具有可执行性。

（三）实训思路

1. 将学生分成若干工作小组，教师布置实训任务，学生明确实训目的和时限要求。

2. 熟悉营销渠道计划书的结构。

3. 将本次市场环境分析、企业的营销目标、渠道现状分析、销售渠道设计方案、渠道建设目标形成书面文字。

4. 制定各渠道开发规划及进度安排。

5. 制定渠道开发的费用预算。

6. 按照公文写作格式排版。

（四）实训考核

以小组为单位完成水溶 C100 果汁的营销渠道计划书，掌握营销渠道计划书的结构，具备对整个渠道统筹思考的能力。

任务三　　制订渠道窜货管理方案

伴随着企业生产能力的大幅提高，营销覆盖范围的增大，销售额的增长，窜货现象也层出不穷。窜货是经销商未遵循与公司协定的销售区域或指定终端进行销售，在未经授权的情况下将产品跨区销售的违约经销行为。

一、任务目标

明确渠道窜货管理方案的写作结构，掌握窜货的类型及处理方法、掌握渠道窜货管理方案的写作技巧，文案内容清晰、格式规范。通过完成本任务，能够撰写渠道窜货管理方案。

二、相关知识

（一）渠道窜货管理方案的格式

通常情况下，渠道窜货管理方案具备以下内容。

1. 窜货管理的目的

窜货管理的目的是规范市场销售行为，保护各级经销商及销售人员的利益，保证销售政策的顺利实施，强化各销售区域管理的主体责任，最终让企业的经营目标和渠道成员的发展目标统一起来形成凝聚力，建立起以企业为主导的深度协同合作的营销价值链。

2. 窜货的认定及类型

描述窜货行为及窜货行为认定依据，写明各窜货类型的特征，以便认定窜货行为及界定窜货类型时有据可循。

3. 窜货预防

企业结合窜货的根源及企业经营现状进行分析，预防窜货发生，企业对经销商采取的措施。

4. 窜货的处理及处罚标准

以公平公正、合作共赢的总体原则制订窜货的处理原则及处罚标准，处罚要体现维护公司的整体利益、营造公正合理的市场经营环境，处罚力度起到惩戒教育的效果。

5. 窜货的处理流程

写明窜货的处理流程涉及的各环节，明确各环节中企业管理者的处理范围、经销商进行窜货举报、申诉的操作流程。

6. 窜货分析及资料整理

要求各销售区域负责人将窜货事件报送企业销售管理部门，销售管理部门对窜货的资料备案并对窜货行为进行反思和改进。

（二）渠道窜货管理方案的写作技巧

1. 对窜货类型进行明确说明

渠道窜货管理方案语言要简练，对窜货类型界定的标准表述清晰具体。

2. 直观

按照企业和行业的实际情况，拟订切实可行的渠道窜货管理方案。方案要列明窜货的处理的流程，能够对窜货管理工作给出明确的操作步骤，明确处罚标准和处罚主体。处罚标准可用数字与图表相结合进行展示，更为直观。

三、文案范例

××化妆品公司窜货管理方案

一、前言

为了维护市场秩序，加强××产品的销售渠道管理，保护各销售区域经销商和分销商的合法利益，坚决打击渠道窜货行为，维护渠道良性发展，特制订本方案。

二、窜货的认定及类型

1. 窜货

签约经销商在合同约定以外的区域销售我公司产品10件以上，且价格低于公司制订的价格体系，危害到当地市场正常运行的行为，空白市场除外。

2. 窜货证据

本着谁主张谁举证的原则，被窜货方需要提供证据要件。证据包括下列内容：跨区销售样品（内外包装完整）、购买样品发票或电脑票据显示价格及数量、窜货方客户直连销售流向或可直接查阅的公示网站，照片或视频能清晰显示批号、箱号、电子监管码、数量、货物存放地址，公司市场部门认可的其他证据（必须两人以上现场确认）。

3. 窜货类型

窜货分为以下两种类型。

（1）一般性窜货　经销商在遵守合同获取正常利润时，窜货数量在2箱以内，并且按照公司价格体系进行销售的行为。不经意间向自己辖区之外的区域销售产品。经销商无主观故意发生窜货。

（2）恶性窜货　经销商无视公司价格体系，以低于公司统一零售价格销售产品，经销商故意将自己辖区的大量产品销售到辖区以外的窜货行为，主观上存在故意。有下列行为之一可认定是恶性窜货：①故意毁损产品包装标识的窜货；②以低于公司同意的销售价窜货；③重复多次窜货；④大量窜货。

三、窜货预防

1. 保证金

为防止经销商在协议执行过程中违反协议规定，或因窜货给其他代理商造成经济损失，经销商需要向公司提交保证金，各经销商按照级别缴纳保证金。

2. 电子监管码

各区域市场必须严格按照要求对产品进行打码，每次供货前必须扫码后才可发货。同时经销商要建立编码发货制度，并且要经常对防窜货管理系统软件进行维护，确保系统正常运行。

3. 窜货监察职责

公司市场部门监察人员关注新开发地区及销量异常区域，对发货控制提供依据；定期抽查流向的真实性，定期召开物流管理例会；不定期暗访巡查各市场销售情况；完善窜货台账，对窜货情况进行记录、跟进、分析、汇总；对有争议的或取证有难度的窜货行为进行实地监察；定期提交市场监察报告到公司上级主管部门；在流向核查及窜货处理过程中，必须保持公平、公正的态度，不得徇私，更不得打击报复；定期以窜货台账、窜货通报等形式公布审货处理进度及结果，保证审货处理的公开性、透明性。

四、审货处罚标准

1. 处理原则

针对不同审货性质及审货情节轻重分别给予警告、罚款、扣除保证金、取消相应业务优惠政策、货源减量、停止供货、取消当年返利和直接取消经销权等处罚；同时奖励举报审货的经销商，调动大家监督渠道管理的积极性。

对态度诚恳，积极配合公司调查，主动、积极收集和提供审货行为的有关原始凭据、材料，配合公司开展反审货工作并及时采取措施堵塞漏洞，纠正错误、数量极少的，经本人申请，由市场部协调，被审货方自愿同意，双方签字在市场部记录存档，公司才可免于追究。

2. 处罚标准

(1) 审货方初次审货　按查获数量令审货方按零售价买回，并按审货产品价格处以双倍罚款，罚款直接从月度返利中扣除。如未在规定时间内买回，双倍扣除月度返利。

(2) 审货方二次审货　按查获数量令审货方按零售价买回，并按审货产品价格处以四倍罚款，罚款直接从月度返利中扣除。如未在规定时间内买回，双倍扣除月度返利。

(3) 审货方三次审货　按查获数量令审货方按零售价买回，并按审货产品价格处以六倍罚款，罚款直接从月度返利中扣除。如未在规定时间内买回，双倍扣除月度返利。

(4) 情节严重数额巨大者　审货在100件货以上，除上述(1)~(3)处罚外，公司将追加处罚，将本人上交的市场保证金全额罚没，解除经销合同。

(5) 根据业务人员的责任大小，适当进行处罚　对有意参与者、知情不报者，将视情节轻重分别给予警告、罚款、留公司查看、开除直至追究法律责任等处罚。

五、审货的处理流程

1. 申报

当审货事件发生时，当事人填写"审货举报单"，以书面形式直接向公司市场部陈述被审货具体情况，进行举报、申诉。申报当事人可以是被审货市场方的区域经销商或是公司派驻当地市场业务代表。

2. 调查举证

市场部收到"审货举报单"三个工作日内，迅速核实相关信息。七个工作日内市场部督导调查取证，被审货方或公司派驻业务代表有义务协助调查，并主动告知被审货区域、提供所审货品样品、销售所审货品单位或个人名称、联系方式、数量及危害程度等。

市场部据此确认审货事实，并初步判定被审货方损失程度。

3. 处理

掌握充分事实和证据后，市场告知所审货品来源地的区域业务代表和经销商，了解清楚发生审货原因，进而据其态度判定其性质。

根据本方案第四部分处罚标准作出处罚，并分别登录记入各区域合作档案。

本条例自20××年××月××日始正式执行，前期与本条例相冲突地方以本条例为准。

六、审货分析及资料整理

1. 各区域的市场负责人将各季度区域内发生的审货事件加以汇总，发送给公司市场部备案、分析。

2. 市场部收到各区域市场负责人发来的审货事件汇总后，进行归类、整理，每季度进行一次汇总分析，寻求更好的解决方案，进行反思和改进。

3. 市场部对审货的相关材料进行备案、存档。

四、任务实训

结合本任务所学知识，请你为以下公司制订一份窜货管理方案。

（一）背景资料

农夫山泉股份有限公司旗下的水溶 C100 果汁饮料销量增长迅猛，为规范市场销售行为，保护各级经销商及销售人员的利益，需要制订一份窜货管理方案，强化各销售区域管理。

（二）实训要求

明确窜货的认定、窜货预防手段、窜货处罚标准、处理流程、窜货分析并形成书面文字，掌握窜货管理方案的结构，方案要符合客户的渠道特点。

1. 本次实训以小组为单位，小组成员分工合作，注意团队内部成员的协作。
2. 窜货管理方案结构正确，用词准确。
3. 条理清晰、逻辑严谨、文笔流畅。
4. 窜货管理方案具有可执行性。

（三）实训思路

1. 将学生分成若干工作小组，教师布置实训任务，学生明确实训目的和时限要求。
2. 熟悉窜货管理方案的结构。
3. 将窜货管理方案的目的、窜货证据、窜货预防手段形成书面文字。
4. 制订窜货处罚标准，要考虑到经销商的经济承受能力，同时起到惩戒效果。
5. 制订窜货处理流程，各环节体现窜货核查责任主体及时限要求。
6. 按照公文写作格式排版。

（四）实训考核

以小组为单位完成水溶 C100 果汁饮料的窜货管理方案，掌握窜货管理方案的结构，具备对窜货行为的辨别能力，根据窜货情节的轻重制定相应的处罚，处罚得当。

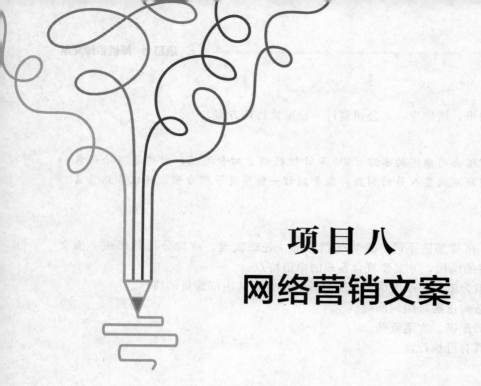

项目八
网络营销文案

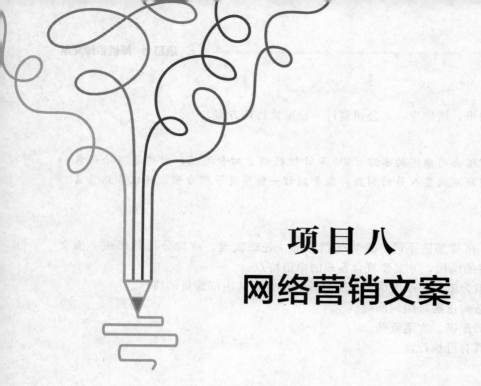 学习目标

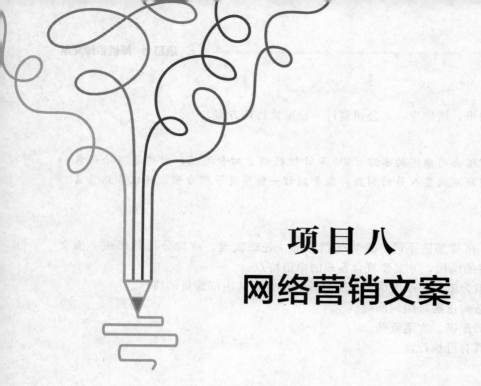 知识目标

1. 了解网络营销的作用及意义。
2. 掌握网络营销的基础知识。
3. 掌握网络营销文案的写作结构。
4. 掌握网络营销文案写作技巧。

 技能目标

1. 能够撰写网络营销推广策划书。
2. 能够为社群营销制订营销文案。
3. 能够为自媒体营销撰写营销文案。

 素质目标

1. 培养学生追求目标的毅力，包括职业定位、个人规划、挫折承受力等专业必备素质。
2. 具有团队精神和协作能力，小组能够分工协作完成任务。
3. 培养学生的洞察力、应变思维、创造性意识、网络创业等能力素质。具有创新思维和商业敏感性，具备用文案提升销售的能力。
4. 培养学生刻苦钻研、勇于探索的专业精神。
5. 培养学生精益求精的工匠精神，文案写作字斟句酌、反复打磨。

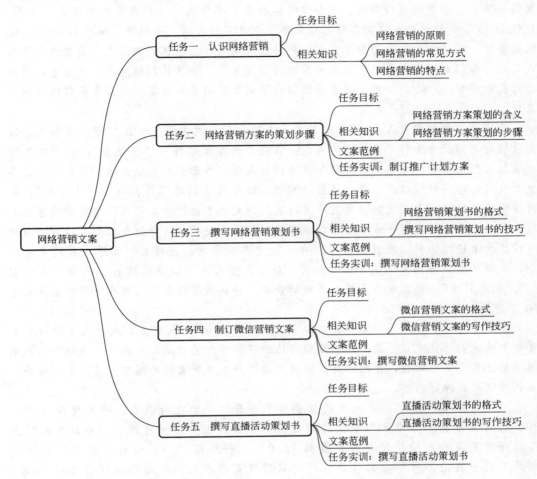

任务一　认识网络营销

　　网络营销是企业整体营销战略的一个组成部分，是借助互联网技术来有效地满足顾客的需求与欲望，从而实现企业营销目的的活动。简单来说，网络营销就是以互联网为主要手段开展的营销活动。

　　网络营销是基于互联网络及社会关系网络连接企业、用户及公众，向用户及公众传递有价值的信息和服务，为实现顾客价值及企业营销目标所进行的规划、实施及运营管理活动。

案例导入

戴尔潮流旗舰店入驻人人网

　　"戴尔在选择社会化媒体时有三个衡量标准：第一是用户覆盖，第二是运营能力，第三是技术创新。与人人网的合作证明了我们最初的选择没有错，我们的粉丝已经突破60万，对此戴尔总裁还专门发来了贺电。"

——戴尔大中华区消费及中小企业业务部市场部陆旻轩

自从戴尔公司在全球率先推出了互联网直销的经营模式之后，戴尔一直在寻找一种更新的方式跟消费者进行沟通。社会化媒体就是它寻找到的一种有效的创新营销工具。仅仅2015年一年，戴尔在美国就已经聚集了350万的粉丝，并创造了超过1000万美金的营业额。这是一个庞大的数字。为了把这些成功的经验移植到中国来，戴尔选择了与人人网合作，利用真实的用户社交关系进行好友互动，分享戴尔品牌及产品信息，并通过好友新鲜事/分享/通知等网络营销传播，不断提升消费者对戴尔产品及品牌的认知和喜好。

为了"让戴尔在人人扎根"，戴尔在人人建立了公共主页——戴尔潮流旗舰店，以此为核心与消费者进行了多维度的沟通：首先，选举戴尔每月"课戴表"，主持戴尔潮流旗舰店所有活动，并亲自体验戴尔产品，以人性化的形式与受众沟通，既活跃了公共主页气氛，也很好地推广了戴尔产品。其次，给予人人网忠实粉丝一些"小甜头"，如特殊的优惠价格、人人礼券等促进产品购买，还发起1元秒杀笔记本活动撩动粉丝的心弦。同时，推出人人用户专享热荐机型套餐，校园大使招募活动让粉丝们可以联系身边的校园大使轻松购机，粉丝们还可以在线提交购机需求，获得戴尔客服人员的专业服务，从而构建完善而深入的CRM系统。最后，植入人人最热门的社交游戏"人人餐厅""阳光牧场"，将戴尔小人置于游戏场景中，借此戴尔公共主页曾在一天内就获得了10万粉丝。

在多方努力和推广下，戴尔公共主页人数飙升至60万人以上，成为人人网粉丝数量最多的商业公共主页。戴尔潮流旗舰店的很多粉丝开始对戴尔产品产生兴趣，主动询问价格，交流使用体验，使用心得。用户与品牌产生了更直接的高度互动，不断提升产品认知度及品牌好感度。

人人网还针对戴尔公共主页的营销效果展开了一次在线调查，研究发现公共主页粉丝对戴尔品牌有着更为积极的评价：戴尔公共主页粉丝对戴尔"年轻时尚"的品牌评价更深刻，粉丝较非粉丝提升15.0%；粉丝在"产品设计有新意"和"戴尔是更适合我的品牌"方面较非粉丝的认同度更高，粉丝较非粉丝提升10%左右；对戴尔品牌在服务周到、国际领先品牌和产品丰富性的评价上，粉丝群体均表现出更积极的评价。

 思考

（1）戴尔成功的原因是什么？

（2）戴尔运用了哪些网络营销手段？

一、任务目标

了解网络营销的原则，掌握网络营销的常见内容，体会网络营销的特点，思考网络营销的作用。

二、相关知识

（一）网络营销的原则

1. 系统性原则

网络营销是以网络为工具的系统性的企业经营活动，指在网络环境下对市场营销的信息流、商流、制造流、物流、资金流和服务流进行管理。因此，网络营销方案的策划，是一项复杂的系统工程。策划人员必须以系统论为指导，对企业网络营销活动的各种要素进行整合和优化，使"六流"皆备，相得益彰。

2. 创新性原则

网络为顾客对不同企业的产品和服务所带来的效用和价值进行比较带来了极大的便利。在个性化消费需求日益明显的网络营销环境中，通过创新，创造和顾客的个性化需求相适应的产品特色和服务特色，是提高效用和价值的关键。创新带来特色，特色不仅意味着与众不同，更意味着额外的价值。网络营销方案策划，必须在深入了解网络营销环境尤其是顾客需求和竞争者动向的基础上，努力营造旨在增加顾客价值和效用、为顾客所欢迎的产品特色和服务特色。

3. 操作性原则

网络营销策划的第一个结果是形成网络营销方案。网络营销方案必须具有可操作性，否则毫无价值可言。这种可操作性，表现为在网络营销方案中，策划者根据企业网络营销的目标和环境条件，就企业在未来的网络营销活动中做什么、何时做、何地做、何人做、如何做的问题进行周密的部署、详细的阐述和具体的安排。也就是说，网络营销方案是一系列具体的、明确的、直接的、相互联系的行动计划指令，一旦付诸实施，企业的每一个部门、每一个员工都能明确自己的目标、任务、责任以及完成任务的途径和方法，并懂得如何与其他部门或员工相互协作。

4. 协同性原则

网络营销策划应该是各种营销手段的应用，而不是方法的孤立使用。诸如论坛、博客、社区、网络媒体等资源要协同应用才能真正达到网络营销的效果。

5. 经济性原则

网络营销策划必须以经济效益为核心。通过网络营销方案的实施，可以改变企业经营资源的配置状态和利用效率。网络营销策划的经济效益是策划所带来的经济收益与策划和方案实施成本之间的比值。成功的网络营销策划，应当是在策划和方案实施成本既定的情况下取得最大的经济收益，或花费最小的策划和方案实施成本取得目标经济收益。

（二）网络营销的常见方式

1. 社群营销

社群营销就是利用某种载体来聚集人气，通过产品和服务满足具有共同兴趣爱好群体的需求而产生的商业形态。所谓的载体，就是各种平台，如微信、微博、论坛，甚至是线下的社区都是社群营销的载体。

2. 自媒体营销

自媒体营销是指利用私人化、平民化、普泛化、自主化的传播平台，凭借现代化、电子化的手段，来传播和发布资讯，从而形成的营销、销售、公共关系处理和客户关系服务维护及开拓的一种方式。常见的自媒体平台有今日头条、百家号、大鱼号、微信公众号等。

3. 视频营销

视频营销是指主要基于以视频网站为核心的网络平台，以内容为核心、创意为导向，利用精细策划的视频内容实现产品营销与品牌传播的目的；是"视频"和"互联网"结合，既有电视短片的优点，如感染力强、形式内容多样、创意新颖等，又有互联网营销的优势，如互动性、主动传播性、传播速度快、成本低廉等优点。视频营销以创意视频的方式，将产品信息移入视频短片中，被大众所吸收，也不会造成太大的用户群体排斥性，也容易被用户群体所接受。

4. 软文营销

软文营销，就是指通过特定的概念诉求、以摆事实讲道理的方式使消费者走进企业设定的"思维圈"，以强有力的针对性心理攻击迅速实现产品销售的文字模式和口头传播。比如：新闻、第三方评论、访谈、采访、口碑。软文广告顾名思义，它是相对于硬性广告而言，由企业的市场策划人员或广告公司的文案人员来负责撰写的"文字广告"。与硬广相比，软文的精妙之处就在于一个"软"字，好似绵里藏针、收而不露、克敌于无形。

5. 搜索引擎营销

搜索引擎营销通过开通搜索引擎竞价，让用户搜索相关关键词，并点击搜索引擎上的关键词创意链接进入网站/网页进一步了解用户所需要的信息，然后通过拨打网站上的客服电话、与在线客服沟通或直接提交页面上的表单等来达到自己的目的。

6. 直播营销

直播营销是以视频、音频直播为手段，以广播、电视、互联网为媒介，在现场随着事件的发生与发展进程同时制作和播出节目，最终达到企业获得品牌提升或是产品销售的目的。直播营销的核心价值在于它能聚集注意力，未来直播营销亦会成为每个企业品牌提升或某种产品营销推广的标配。

7. 网络广告

广告是商品经济发展的产物，是一种以推销商品、获得盈利为最终目标的商业行为。广告向目标消费者展示商品的性质、质量、功用、优点，进而打动和说服消费者，影响和改变消费者的观念和行为，最后达到推销商品的目的。网络广告是指以数字技术为载体，采用多媒体技术设计制作，通过互联网传播，具有交互功能的广告形式。

课堂讨论

针对下列问题开展讨论

1. 你还见过哪些网络营销的方法？
2. 请思考，网络营销有哪些作用呢？

（三）网络营销的特点

网络营销是建立在互联网基础上，借助于互联网特性来实现一定营销目标的一种营销手段。与传统营销相比，具有以下特点。

1. 以消费者为导向，强调个性化

在现代企业的营销实践中，个性化的消费模式是企业组合市场的依据。而追求个性化的消费模式必须以相应的客观条件作为支持，这些条件主要表现在两个方面：一是金钱，二是闲暇。网上购物节省了消费者的信息成本，省去了来回于购物场所的费用支出；网络还使消费者能以相对低廉的价格，购买适合他们需要的产品或者服务。而且，网络无时不在的特性，使消费者能在任何时候，毫无束缚地采取购买行动。在线购买的新模式，削弱了金钱与时间约束对消费者的影响，满足消费者的个性化需求成为企业营销的核心目标。

2. 主动性极强，实现全程营销

互联网构筑了实时的信息传播方式，彻底消除了交易双方的地域间隔，极大地弱化了由于实际空间差距所带来的影响。而且，这种沟通采取了"面对面"的方式。网络背景下的信息沟通，包括网络广告，都是交互式的。在传递信息的同时，企业能直接面对顾客可能的各种反应，判断对方的好恶，推测其行为趋向。由此，企业可以及时了解顾客的需求状况与需求特征，并迅速采取针对性的行动迎合他们的要求。

3. 最低成本支出，提供优质产品或劳务

互联网为生产者架设了与消费者连接的通道。在网络世界，企业可以越过中间商与最终消费者进行面对面的双向沟通。网络所构建的直接渠道，不仅为在线顾客带来了莫大的便利，同时也大大节约了企业用于渠道管理方面的费用支出，为虚拟企业的低成本运营做了充分的准备。

任务二　网络营销方案的策划步骤

网络营销策划方案的制订，要围绕网络营销推广目标，对将要发生的网络营销行为进行前瞻性的规划和设计，制订具体的行动及措施，提供整套的网络营销推广执行方案。

一、任务目标

理解网络营销方案策划的含义，掌握网络营销方案策划的步骤，通过完成本任务，能够撰写网络营销推广方案。

二、相关知识

（一）网络营销方案策划的含义

网络营销方案策划，是指企业以互联网为媒介，在对内外环境进行准确分析的基础上，围绕企业发展目标，全面构思、精心设计企业未来一定时期内网络营销战略、阶段目标及实施方案的过程。

网络营销方案策划是一项复杂的系统工程，属于思维活动，但它是以谋略、计策、计划等理性形式表现出来的思维活动，直接用于指导企业的网络营销实践。它包括对网站页面设计的修改与完善、搜索引擎的优化与客户的互动等诸多方面的整合，是网络技术和营销经验协调作用的结果。它也是一个相对长期的工程。一个网络营销方案的成功实施需要细致的规划设计。

（二）网络营销方案策划的步骤

1. 企业简介

制订网络营销策划方案意味着一切从头开始，一切从了解事实开始。无论对于公司的现有业务，还是电子商务业务，制订营销策划方案都是一个好的开始。

企业简介需要介绍企业的基本概况，企业使命、企业宗旨、企业愿景和企业经营理念，企业主营业务，近期发展情况、发展战略及中短期发展目标，网络营销策划想要达到的目标。

例如：公司的基本情况；公司的品牌优势和产品优势；公司经营模式等；公司存在的问题；公司通过网络营销，拟进一步提升品牌形象，提高产品销量。

2. 进行环境 PEST 分析

环境分析主要包括政治（Politics）、经济（Economic）、社会（Society）、科学技术（Technology）等宏观环境因素，通过 PEST 分析，来了解企业所处的外部环境，有什么有利和不利的因素，对企业有什么影响，以便作出反应，如图 8-1 所示。

3. 进行 SWOT 分析

所谓 SWOT 分析，即基于内外部竞争环境和竞争条件下的态势分析，就是将与研究对

政治要素(Politics)
环保制度
税收政策
国际贸易章程与限制
合同执行法
消费者保护法
雇佣法律
政府组织/态度
竞争规则
政治稳定性
安全规定

经济(Economic)
经济增长
利率与货币政策
政府开支
失业政策
征税
汇率
通货膨胀率
商业周期所处阶段
消费者信心

社会(Society)
收入分布
人口统计、人口增长率与年龄分布
劳动力与社会流动性
生活方式变革
职业与休闲态度
企业家精神
教育
潮流与风尚
健康意识、社会福利及安全感
生活条件

技术(Technology)
政府研究开支
产业技术关注
新型发明与技术发展
技术转让率
技术更新速度与生命周期
能源利用与成本
信息技术变革
互联网的变革
移动技术变革

图 8-1　环境 PEST 分析

象密切相关的各种主要内部优势、劣势和外部的机会和威胁等，通过调查列举出来，并依照矩阵形式排列，然后用系统分析的思想，把各种因素相互匹配起来加以分析，从中得出一系列相应的结论，而结论通常带有一定的决策性。运用这种方法，可以对研究对象所处的情景进行全面、系统、准确的研究，从而根据研究结果制定相应的发展战略、计划以及对策等。

S(Strengths) 是优势、W(Weaknesses) 是劣势，O(Opportunities) 是机会、T(Threats) 是威胁。进行 SWOT 分析时，主要有以下几个方面的内容。

（1）优势　组织机构的内部因素，具体包括：有利的竞争态势；充足的财政来源；良好的企业形象；技术力量；规模经济；产品质量；市场份额；成本优势；广告攻势等。

（2）劣势　组织机构的内部因素，具体包括：设备老化；管理混乱；缺少关键技术；研究开发落后；资金短缺；经营不善；产品积压；竞争力差等。

（3）机会　组织机构的外部因素，具体包括：新产品；新市场；新需求；外国市场壁垒解除；竞争对手失误等。

图 8-2　SWOT 分析

（4）威胁　组织机构的外部因素，具体包括：新的竞争对手；替代产品增多；市场紧缩；行业政策变化；经济衰退；客户偏好改变；突发事件等。

将调查得出的各种因素根据轻重缓急或影响程度等排序方式，构造 SWOT 矩阵，如图 8-2 所示。在此过程中，将那些对公司发展有直接的、重要的、大量的、迫切的、久远的影响的因素优先排列出来，而将那些间接的、次要的、少许的、不急的、短暂的影响因素排列在后面。

4. 确定企业网络营销目标市场

目标市场是企业打算进入并实施营销的细分市场，也就是企业打算满足的、具有特定需求的顾客群体。与企业在进行传统营销时要确定目标客户并选择与目标客户一致的广告媒体一样，在开展网络营销推广时，也要明确目标客户是哪些人，他们经常会浏览哪些网络媒体，然后，再选择合适的网络媒介进行网络推广。

企业进行网络营销推广时，还必须深刻了解客户习惯，以采取不同的策略进行推广。有些目标顾客喜欢去聊天论坛,企业推广人员就应当去聊天论坛宣传企业和产品信息,也可以在聊天论坛里投放网络广告。还有些目标顾客喜欢去淘宝等第三方电子商务平台,企业推广人员就应当选择淘宝等平台发布相关信息。

例如某企业目标市场描述(目标客户群描述):

18—25岁的年轻女性,主要为大学生,爱好时尚,喜欢化妆,收入较少,主要由家庭提供每月生活费,约为1000—2000元。经常上网,百度等搜索引擎应用较多,上网主要利用手机等移动工具,淘宝、京东成为其购物主要平台,注重购物体验,对价格比较敏感,受同龄人影响比较多。

5. 规划网络营销推广的目标

与传统推广一样,网络营销推广首先需要明确营销目标。只有确定了营销目标,网络营销推广才有行动方向,才能对网络活动作出正确评价。一般情况下,目标包括以下三个方面。

(1)任务(需要完成什么)。

(2)可量化的工作指标(工作量是多少)。

(3)时间范围(什么时候完成)。

根据企业具体情况,对企业网络营销推广目标可以分为初期推广目标、中期推广目标和终极推广目标。

初期推广目标:初期主要通过论坛、微博、微信、博客、信息平台和网络广告等方式来推广网站,提高企业关键词的排名,提升公司品牌知名度。

中期推广目标:提高公司网站在各大搜索引擎上的收录,保持收录量的平稳增加,提高企业网站PR值。同时把企业主要关键词的排名提升至百度首页位置。

终极推广目标:使网站在同行业网站中具有一定的品牌影响力。

6. 选择恰当的网络营销推广方式

网络营销推广方案的制订,是对各种网络营销推广工具和资源的具体应用。网络营销方式众多,企业在选择时应注意与自己的企业实际和所需效果相结合,如表8-1所示。

表8-1 网络营销推广方式简表

网络营销推广方式	推广具体计划	备注
搜索引擎推广	百度等搜索引擎关键词竞价排名; 添加友情链接; 及时更新网站内容 …	注意关键词竞价时设置预算
微信、微博等新媒体推广	微信推广:公众号、微信朋友圈等专人管理; 微博可以与直播联合使用; QQ群社群营销的代表,选择培育群很重要	知乎是常用的一个媒体
网络广告	网络广告有banner、富媒体、旗帜广告等多种形式,可以发布在不同的媒体上	网络广告要注意效果。也可以外包
第三方平台推广	第三方平台包括各种信息发布的平台如58同城、赶集网、天涯分类信息网等。 信息发布要注意每天发布,增加知名度。 发布信息要注意关键词选择和密度	
问答及百科类推广	问答类包括百度问答、搜搜问问等; 百科类包括百度百科、搜狗百科等; 进行此类推广要注意进行问题设置和回答, 通过回答提高公司链接的点击率	

网络营销推广方式	推广具体计划	备注
论坛推广	可在天涯论坛、猫扑论坛、站长论坛等有一定影响力的论坛进行推广	

7. 确定网络营销预算

网络营销预算是对网络营销方案实施过程中所需要费用的预算。

三、文案范例

某茶叶公司淘宝店推广计划

1. 总述

（1）目标

① 通过推广实现 500 万元销售任务，完成 100 家网络专营店开店任务。

② 争取"黑茶""安化黑茶""湖南黑茶"关键词在淘宝网内搜索排名第一。

③ 推广费用控制在 100 万元以内。

（2）目标达成手段

① 零售店铺引进 100 万次网站流量支撑。

② 分销平台、吸引意向加盟者 2000 人。

③ 优化产品描述与关键词，提高成交量、收藏人数、信誉、好评率、浏览量等，争取用"黑茶""安化黑茶""湖南黑茶"关键词在淘宝网内搜索后，本品牌产品排在宝贝列表第一排。

2. 推广方式

为了实现推广目标，大致策划三种推广方式

（1）四次淘宝大型推广活动

（2）90.7 万元～99.7 万元站内硬性广告投放

（3）日常免费推广计划

3. 推广计划

（1）全年四次大型活动推广

上一年春节、中秋、"双十一""1212"等活动带来了 10 万次的网站流量，今年淘宝此类活动争取活动满报名。活动推广可以从以下几个方面开展。

① 站内推广：大型活动支持（免费、付费），钻石展位、直通车、淘宝客、帮派合作、活动网店相互链接，在淘吧、导购、微博社区等发布活动信息。旺旺群、QQ 群、邮件、手机短信等群发消息。

② 站外推广：公司网站发布活动公告、新闻栏目发布成功信息、软文、活动广告宣传、社区论坛推广活动、博客、微博等推广活动。

注意要做推广活动前的预热和活动后的推广，如买家秀等。

（2）80 万～105 万元硬性广告投入

① 淘宝钻石展位：投入 30 万元，预计产生 20 万流量；

② 直通车：投入 37.5 万元，预计流量 25 万次；

③ 购买淘宝其他广告位：如卖霸，投入 3.2 万，预计流量 2 万～2.5 万；

④ 大型活动：投入 16 万元，预计流量 5 万～8 万；

⑤ 帮派活动：投入 3 万～12 万元，预计流量 1 万～6 万；

⑥ 固定软件费用：1 万元。

共计投入费用 90.7 万～99.7 万元，预计实现新增流量 53 万～61.5 万元。

（3）日常免费推广

①淘宝搜索：流量 20 万～25 万次；②帮派推广；③淘宝免费活动报名；④老客户维护：15.2 万～15.5 万次；⑤站内信息群发；⑥站内友情链接；⑦站外信息群发；⑧新闻推广；⑨搜索引擎；⑩百度知道及问答等，预计流量 49 万～54 万次。

四、任务实训

结合本任务所学知识，任选一种恰当的网络营销推广方式，为君乐宝乳业制订一份推广计划方案。

（一）背景资料

君乐宝乳业集团创立于 1995 年，28 年来始终专注于奶业发展，为消费者提供健康、营养、安全的乳制品。业务范围包括婴幼儿奶粉、低温液态奶、常温液态奶、牧业四大板块，在河北、河南、江苏、吉林等地建有 21 个生产工厂、17 个现代化大型牧场，销售市场覆盖全国。近年来，君乐宝持续加大研发创新，不断优化产品结构，努力推动奶业高质量发展。请任选一种恰当的网络营销推广方式，为君乐宝乳业制订一份产品推广计划。

（二）实训要求

1. 所运用的网络营销推广方式需恰当地体现企业特点和产品特点。

2. 推广计划方案结果完整，用词准确。

3. 条理清晰、逻辑严谨、文笔流畅。

4. 计划书具有可执行性。

（三）实训思路

1. 将学生分成若干工作小组，教师布置实训任务，学生明确实训目的和时限要求。

2. 熟悉网络营销推广的内容，并选择其中最恰当的一种。

3. 将推广目标、方式、计划形成书面文字。

4. 制订经费预算。

5. 按照公文写作格式排版。

（四）实训考核

以小组为单位完成君乐宝产品推广计划书，具备选择恰当网络营销推广方式的能力，并能够撰写推广计划文案。

任务三　撰写网络营销策划书

网络营销策划书是为达到一定的营销目标而制订的综合性的、具体的可操作的网络营销策略和活动计划。

一、任务目标

明确网络营销策划书的写作结构，理解网络营销策划书写作的注意事项，格式规范。通过完成本任务，能够撰写网络营销策划书。

二、相关知识

（一）网络营销策划书的格式

正规的网络营销策划书的结构包括封面、正文和附录三部分。

1. 策划书封面

封面具体包括四项内容。

（1）策划书的名称　将策划主题体现出来，让使用者一目了然。

（2）策划者姓名　策划小组名称。

（3）策划书制作时间　年、月、日。

（4）策划书的编号。

2. 网络营销策划书的正文

（1）摘要，即策划目的以及对策划内容的简要说明。

（2）目录。

（3）前言，即策划经过的说明。

（4）策划内容的详细说明。

（5）策划实施步骤以及各项具体分工，包括时间、人员、费用、操作等。

（6）策划的期望效果与预测效果。

（7）策划中的关键环节，策划实施中应注意的事项。其他与策划内容相关的事宜。

3. 策划书的附录

（1）参考文献与案例。

（2）如有第二、第三备选方案，列出其概要。

（3）其他与策划内容相关的事宜。

（二）撰写网络营销策划书的技巧

1. 企业网络营销策划目的要明确

策划书首先要说明企业进行网络营销策划的目的，可以根据企业实际情况选择销售型、服务型、品牌型、提升型或混合型。

2. 企业背景状况分析可以利用 SWOT 分析法

企业背景状况分析应该包括企业发展的历史和现状分析、企业面临的环境分析、企业品牌的状况分析、企业竞争对手和伙伴分析、市场调查与分析等。

3. 企业网络营销环境分析要全面

对当前市场状况及市场前景的分析，包括产品的市场性、现实市场及潜在市场状况；市场成长状况，产品目前处于市场生命周期的哪一个阶段。对于不同阶段的产品，公司营销侧重点是什么，相应的营销策略效果如何，需求变化对产品市场的影响；消费者的接受性等。

对产品市场影响因素进行分析，主要是对影响产品的不可控因素进行分析，如宏观环境、政治环境、居民经济条件、消费者收入水平、消费结构的变化、消费心理等。对一些受科技发展影响较大的产品如计算机、家用电器等，在其营销策划中还需要考虑技术发展趋势方向的影响。

4. 市场机会与问题分析是关键

营销方案是对市场机会的把握和策略的运用，因此分析市场机会就成了营销策划的关键。

（1）针对产品营销现状进行问题分析。

（2）针对产品特点分析优势和劣势，从问题中找劣势予以克服，从优势中找机会继续发扬。

5. 营销目标要具体

营销目标是企业所要实现的具体目标，即网络营销策划方案执行期间，企业经济效益要达到的具体目标，可以是销售量、销售额、利润或市场占有率等指标。

6. 网络营销推广方案要细化

制订具体行动方案，根据策划期内各时间段特点推出各项具体行动方案。行动方案要细致、周密、操作性强又不乏灵活性，还要考虑费用支出，一切量力而行，尽量把握好以较低费用取得良好效果的原则。

7. 策划方案各项费用预算要精简

策划方案各项费用预算是整个营销方案推进过程中的费用投入，包括营销过程中的总费用、阶段费用、项目费用等，其原则是以较少投入获得最优效果。企业可根据自身情况，凭借经验，具体分析制订。

8. 方案调整要及时

方案调整是策划方案的补充部分。在方案执行中可能出现与现实情况不相适应的地方，因此方案贯彻必须随时根据市场的反馈及时对方案进行调整以达到最佳效果。

三、文案范例

×××网络营销策划书

撰写人：×××
完成时间：×××

一、前言

（一）本案策划目的

1. 增强品牌知名度。

2. 加强与消费者的互动，促进销售，提高消费者的购买兴趣。

3. 巩固品牌忠诚度。

（二）整体计划

本公司全力以赴研制出高品质的牛奶巧克力，每年求新应变，希望给大家美好的巧克力体验，扩大中国市场销路，建立更深入人心的企业品牌形象，力求成为中国消费者青睐的巧克力品牌，增加企业的收益。

二、企业简介

×××（天津）食品有限公司是一家生产巧克力产品的企业，前身为天津市×××食品厂，主要产品是××牌巧克力，类型分为板块巧克力、夹心巧克力、卡通巧克力。创始于1986年，位于天津市××区，厂区面积15亩，天津市糖果协会副会长级单位。

作为新中国改革开放后的第一批民营食品企业，旗下的××巧克力已经成为被业界和市场高度认可的国产巧克力品牌。

早在2002年，企业已率先实现车间全自动流水线生产，杜绝了人与产品的直接接触，确保食品安全的最大化。

企业秉承"质量就是生命"的宗旨，严格执行国家生产安全标准，凭借技术先进的设备和先进管理经验，研制不同的配方和口味，满足不同消费者的喜好，时刻履行着大型食品生产企业的使命与责任。

三、行业网络营销环境分析及竞争对手分析

（一）行业网络营销环境分析

1. 市场环境分析

巧克力市场品牌众多，新产品不断推出，竞争激烈，×××需要保持原有的市场占有率，如果单纯运用媒体进行广告宣传开销很大，网络作为新兴的媒体，使用的人数与日俱增，覆盖面也越来越广，是比较有效的广告宣传方式。

×××在消费者心目中具有较高的品牌忠诚度，通过口碑传播可以更好地影响其他消费者。监测范围内巧克力品牌总数为 109 个，比 2020 年减少了 12.8%，平均单个品牌销售额为 58.8 万元，平均值以上的品牌有 12 个，占 11.01%，均值以下的品牌有 97 个，占 88.99%。进入 500 领先品牌的品牌有 15 个，与 2020 年相同。其中健达新进入 500 领先品牌。进入 500 领先品牌占巧克力品牌总数的 13.7%，占 500 领先品牌的 2.76%，比各品种平均值低 0.57%。其中排位较高的是德芙（第 13 位）。在 500 领先品牌里排位上升幅度最大的是金丝猴，下降幅度最大的是莱勒克。

2. 企业形象分析

×××食品有限公司成立于 2004 年 1 月 15 日，××巧克力品牌创立于 2008 年 3 月。×××食品有限公司是国内知名的巧克力生产企业，生产和销售××牌巧克力，企业以优秀的质量和良好的信誉赢得了广大消费者的高度认可。

3. 产品分析

（1）用途：送礼礼品，自己吃。

（2）命名：定中化的名字有亲切感。

（3）包装：采用欧美风格设计非常精美。

（4）味道：香甜可口，回味无穷。

（5）价格：零售价为 10～200 元不等。

（6）种类：榛子巧克力、奶香白巧克力、香浓黑巧克力、丝滑牛奶巧克力等。

（7）新品：心声牛奶拿铁、牛奶杏仁酱、牛奶榛子。

2022 新品：巧克力棒。

4. 消费者分析

目标主要是 18—25 岁，偏女性或 15—35 岁的男女。

（1）喜欢吃零食、巧克力。

（2）喜欢购物、聊天、看电影，喜欢谈论情感。

（3）充满浪漫的幻想，性格活泼，开朗。

（4）喜欢尝试新的事物，思想较开放。

（5）比较渴望爱情，喜欢受到异性的关注。

（二）企业主要竞争对手分析

1. 业内竞争

德芙、吉百利、好时、金帝四个品牌已经占据了中国巧克力市场 80% 以上的份额，市场呈寡头竞争状态。

在巧克力行业中，最大的竞争者就是金帝和吉百利。但是德芙在巧克力市场占有率达到 60.2%，从这个角度看德芙一枝独秀。

吉百利、金帝等产品较早进入市场，在消费者心目中占有一定的分量，中国市场对巧克力产品销量贡献最大的是年节市场，这个市场的产品销售主要以礼盒为主，在中国金帝巧克

力的销量不是最大的，但是他们的礼盒销量是最大的，所以在年节市场，×××应该加大礼盒的种类，赢得消费者的青睐。

近几年，中国巧克力市场增长率达到80％，金丝猴等原糖果生产商进入巧克力市场，奥地利的"莫扎特"等高端巧克力品牌大举进入中国，相信竞争会愈演愈烈。

2．替代品

各种糖果的销售也是×××巧克力的一大威胁，他们在某种程度上替代了巧克力。例如雀巢公司新推出的"黑嘉丽水果球球"。雀巢是欧洲最大的糖果制造商，占16％的市场份额。"每一颗都是由真正的果汁制成，含丰富的维生素C，口味更天然，再加上软硬适中的口感，真让人嚼得停不下来。雀巢以最先进的技术及卫生保障带给消费者最高品质的产品，对于糖果的健康及食用安全，更是经过最严格的检验。"这是公司给该产品做的宣传。

（1）雀巢的集中度　雀巢糖果的市场份额占38％。其中软糖、果冻的销售额增长4.9％，占糖果销售额的28％。

（2）消费者的青睐程度　由于消费者健康和营养意识不断增强，目前消费者对健康以及营养的糖果的青睐程度极高，并且糖果消费除用于立即食用外，还主要用于在家中存放备用、为儿童购买、送礼，以及节日需要等。雀巢的产品保障了卫生这一点，极力地体现了食品健康，并且是营养丰富的食品，让消费者感到放心，消费者在送礼的同时还可送一份健康。这就给巧克力市场带来了极大的威胁。与×××的礼品装巧克力相比有着极强的竞争力。

3．优势

（1）好吃，味好，广告好。

（2）口感好。

（3）巧克力味纯。

（4）口味好，滑润。

（5）比较细腻。

（6）含热量多。

4．劣势

（1）价格高。

（2）上火。

（3）不容易保存。

（4）量少。

四、企业网络营销目标市场定位

（一）企业主要的目标市场

1．市场细分

（1）人口统计细分　女性对巧克力的偏好大于男性，年轻女性购买巧克力的倾向相当明显。孩子是巧克力的消费群中极其重要的部分。35岁以下的购买者自己消费巧克力的比例很高。尤其15—24岁的人群为自身消费的主要群体，而35岁以上的消费者购买产品绝大多数是为孩子购买。特别是35—44岁的人群，这一比例高达86.3％。

（2）地理系统细分　相对于欧美的巧克力市场而言，中国巧克力市场竞争力较低，××巧克力在我国的中、东、西部均有分布。

（3）心理系统分析

① 在中国巧克力市场中，巧克力以"礼品"形式被消费者购买的比例占总消费的52.4%，即在中国市场中，有一半以上的巧克力是作为礼品被消费的。

② 人们认为吃巧克力有6大好处，远离心血管疾病、全面补充微量元素、增强人们的免疫力、快速补充能量、赶走灰色心情、不会导致血脂升高。

（4）行为系统分析

① 巧克力是美味的食物之一，调查显示女性比较爱吃巧克力，因此是巧克力的经常购买者。

② 15—24岁人群是自身消费的主要群体，他们为低年龄段的购买者。

③ 35—44岁人群是为孩子购买的主要人群，他们是高年龄段购买者。

④ 广告的影响。广告在电视媒体上的不断传播，提升了消费者对巧克力的认知度并扩大了消费人群。

2. 目标市场选择

××采用差别性市场策略以适应不同的消费者需求，来吸引不同的购买者。

（1）延伸产品类型，满足不同消费者的口味喜好。××巧克力陆续推出了牛奶味巧克力、黑巧克力、果仁巧克力等消费者钟爱的口味。

（2）结合市场消费需求的多样性，对产品进行了不同形式的组合，即增加产品的规格，延伸产品深度，提供给消费者更多的选择，满足了消费者不同的需求，促进了××巧克力产品的销售增长。

（3）对目标市场的选择主要为两个群体，一是情侣，二是女性。处于恋爱期、注重浪漫品质的情侣会较多地购买巧克力。而这些年轻女性对巧克力尤其偏爱，因此是个巨大的目标市场。

3. 产品定位

（1）广告策略

××巧克力的广告将视觉与味觉的诱惑带至最高点，宛如体验一场美好的巧克力盛宴，这就是××想呈现给观众的巧克力体验与全新的感觉。

（2）价格策略

××巧克力采取的是统一定价，有利于公司和产品在市场上保持一致形象，且有利于企业制定统一的市场策略，便于公司总部对整个营销活动的控制。

（3）包装策略

在包装上，××巧克力让顾客感到品质更好，格调更高。包装上也分为独立包装、小包装、塑料包装及铁盒等高、中、低多个档次。也会针对节日的礼品装、针对年轻人传情达意的各式巧克力进行各式各样的包装。

（二）企业目标客户行为分析

1. 目标消费者特征

××的目标消费者是年龄在15—40岁，家庭收入为中等以上收入水平，主要是15—28岁的学生和年轻白领。女性和学生是消费的主力军，买小盒装巧克力较多。礼盒装的巧克力在特殊节日如情人节、圣诞节、春节等购买较多。25—40岁人群列为礼盒系列的主要目标消费者，他们消费水平较高，巧克力作为情人节礼品、婚庆礼品、家庭礼品、宴请礼品等的情况较多。而不同的礼品其目标消费者又有具体的差异。

2. 消费者购买动机

（1）自身消费　目前在中国，巧克力已经逐渐从奢侈品转变为日常消费品。

（2）礼品消费　××巧克力的包装独特新颖，在中国巧克力高端市场具有很高的品牌知名度，在中国通常作为礼物赠送，是表达爱的一种方式。在中国巧克力市场中，巧克力以"礼品"形式被消费的比例占总消费的 52.4%。

3. 影响消费者行为的内部因素

（1）感情对消费者的影响　为什么首先要说感情呢？因为巧克力本身就是爱情的代言人，如果你要向你的女朋友或者是男朋友表达爱意，那么首选必然是巧克力，再加上巧克力本身象征着"甜甜蜜蜜"的寓意，基本上就是消费者爱情的代言，况且巧克力的消费人群多为青年男女，而青年男女最主要的感情就是爱情，所以说这张爱情牌打得几乎完美。

巧克力利用感情营销的案例比比皆是，每当情人节，或者是中国的"七夕"节的时候，会发现各大超市首先映入眼帘的专柜一定是巧克力专柜，所以不需要过多的广告宣传，要做的只是让消费者可以轻松地买到。

（2）如何满足消费者的需求与动机　××的市场营销做得很好，首先在运营方面运用了三大陈列原则：一是分布面广——买得到。二是显而易见——看得到；三是随手可及——拿得到。这都属于市场营销策略。

（3）运用消费者感觉和知觉不断推出新品　××的巧克力有很多口味和包装，还会根据调查消费者的喜欢程度作出相应的调整。

4. 影响消费者行为的外部因素

（1）如何满足青年群体的消费行为　据调查显示，巧克力的消费人群平均年龄主要在15—24 岁，35 岁以上的人多为孩子或送礼购买。

××正是抓住了年轻人的爱情这一主要感情，在年轻的消费人群中，出于爱情原因这一主要原因去购买巧克力的占了主要部分，而且××的每一条广告无不渗透出爱情这一主题，这样做很好地满足了年轻阶层的消费者需求，独特的口味很适合年轻人的喜好，尤其是对女性消费者的满足。

（2）文化影响消费者行为　每年在中国有三个节日是巧克力的消费旺季，2 月 14 日的"情人节"、农历七月初七的"乞巧节"（"七夕"），还有就是除夕夜。这三个日子都需要巧克力来增添气氛。"情人节"不用多说，怎么会少了巧克力来点缀；而"七夕节"，又名中国的"情人节"，牛郎织女那浪漫而又凄美的传说，很符合中国人的爱情观；中国的新年更是少不了糖果的点缀，不知从何时开始，除夕前的糖果采购里多加了巧克力这一项，满足了中国人的文化喜好。还有一种文化活动更是缺少不了巧克力，那就是结婚，现在的婚宴上，几乎都会有巧克力。

（三）企业网络营销定位

巧克力市场品牌众多，新产品不断推出，竞争激烈，××需要保持原有的市场占有率，如果单纯运用媒体进行广告宣传开销很大，网络作为新兴的媒体，使用的人数与日俱增，覆盖面也越来越广，是比较有效的广告宣传。为帮助客户进一步认识××这个品牌产品，网络营销是最有效的推广方式，帮助客户进行产品在线宣传，巩固品牌形象，传达其特有的产品品牌理念。可以针对目标消费人群，选择年轻人喜欢的网站，以年节市场为主体发送贺卡或者电子购物券，吸引消费者的目光。

五、企业网络营销推广方式

（一）SEO 推广（搜索引擎推广）

对于××巧克力，这是一种针对性较强的带有广告味道的网络营销方式，能够最大限度地锁定目标客户，也是见效最快的一种方式。在目前国内的最著名的搜索引擎平台，最主要的推广方式就是百度的竞价排名。

（1）登录搜索引擎。

（2）所有的搜索引擎都可以免费登录，××的推广至少要让我们的网站登录10个以上搜索引擎。尽可能多地把××的网站提交到各大中文搜索引擎，这对整个××网站的搜索引擎优化工作有很大的帮助。

（3）搜索引擎优化。通过写网页 title 标题和 META 标记来进行关键词的搜索引擎优化，通过研究竞争对手的关键词来完善××网站的关键词，使××网站能够在相关关键词中排在各大搜索引擎前列，经常更新我们网站的内容将会对网站的整体优化起到很大的作用。

（二）电子邮件推广

电子邮件推广可以说曾经是一种十分有效的营销方式，但由于其成本的低廉性，以及被大多数企业和个人滥用，到了今日，效果已经十分有限了，伴随着国家相关立法政策的出台和反垃圾邮件工作的实施，邮件销售一步步被限制，但是，如果能够有效利用，仍然是一个比较好的营销方式。我们可以在 QQ 等相关即时通信工具中找到和巧克力等相关的群组，然后收集邮件地址，进行针对性的邮件发送，这样的效果比盲目发送邮件效果要好很多。

（三）网络广告投放推广

××可以在自己相关的网站上面投放广告，也可以取得一定的宣传效果。但××在投放之前一定要考察好要投放广告的网站，看清其网站在行业的知名度和流量，或者选择知名度较高的网站（新浪等），这样才能达到理想的效果。

（四）信息发布推广

信息发布其实是很多企业真正建站的目的，它本身也是网站最基本的功能。从网络营销角度来看，这里不仅是自身网站的信息发布地，若能免费在全世界的各大行业网站发布广告信息，对××来说又是一个很好的网络营销方式。

（五）资源合作推广

通过网站交换链接、交换广告、内容合作、用户资源合作等方式，在具有类似目标网站之间实现互相推广的目的，其中最常用的资源合作方式为网站链接策略，利用合作伙伴之间网站访问量资源合作互为推广。使××获得访问量，加深用户浏览时的印象，在搜索引擎排名中增加优势，通过合作网站的推荐增加访问者的可信度等。

（六）会员制营销

会员制营销是一种最古老的网络营销方式，它可以有效地搜索目标客户的信息，留住喜欢巧克力的目标客户，让巧克力的目标客户经常访问关注××的网站。

（七）论坛发帖推广

选择人气旺的论坛如百度贴吧发帖宣传推广，最好是原创、具有实际效用的文章，文章末尾再加上××的网站链接。也可发表一些当前社会比较热门的话题文章，文章中加上××的网址和图片链接。同时，利用好论坛中的签名，在论坛中将个性签名设置成为××的网站链接，这也能够起到非常好的宣传作用。

（八）微博推广

利用微博推广无疑是我们宣传网站的一个很好的途径。在众多知名微博中开设我们网站自己的微博。每天更新微博的内容，内容包括××巧克力的日常新闻信息和当前社会比较热门的话题信息。在我们更新的每篇微博文章中加入我们的网站链接，在每篇文章中写上当前热门的关键词以及××巧克力的关键词，这种推广方式效果相当不错。

（九）利用微博圈推广

现在热门的微博圈主要是新浪微博圈、搜狐微博圈和网易微博圈等几大门户微博圈，还有其他网站或行业网站的微博圈。前提是我们已经在这几个门户微博上面建立了自己的微博。

1. 博文的流量

我们每在微博上发表一篇文章，有些微博圈里面有数万人，据个人统计，每个微博圈至少会有10次左右的浏览，再加上我们微博自有的流量。如果在我们自己的微博文章中发表一些当前热门的话题内容，文章中加入我们自己的网站链接的话，那样所带来的流量将会更大。

2. 关键词的优化

在如此多的微博圈内显示我们的文章，可以给我们需要优化的关键词加上××巧克力企业网站链接，这样的话我们网站会同时有100个左右的外部链接。在各个门户微博网站上面建立的微博加入圈子后权重会更高，我们在这些门户微博网站上发的文章，会比在我们自己网站发的文章权重更高，更有利于我们网站的搜索引擎优化。

3. PR值的提高

许多微博圈PR值都是4和5，几大门户微博圈的PR值则更高。经常更新××巧克力企业网站自己的微博文章，微博圈会把PR值传递给我们自己的微博，可以快速提高我们微博的PR值，这些微博对后期提高我们网站PR值和权重的作用是很大的。

（十）利用事件营销方式推广

事件营销是指通过策划人、物、景、事等内容或通过宣传推广影响社会的一些事件，引起人们的兴趣与关注，以求提高宣传知名度，提高形象，以事件为主，策划推广的一种手段与方式。

事件营销包括新闻事件营销、舆论事件营销、造势事件营销、人物事件营销、活动事件营销和广告事件营销几种方式。

关于针对我们企业的事件营销方式需要详细的策划和研究，因为事件营销成功的话，那将无疑会给企业带来巨大的影响力，但是如果策划得不合适，可能就会带来负面的影响。

（十一）网络付费广告推广

目前的网络付费推广方式可以归纳为以下几种。

（1）门户网站或者行业网站平面媒体广告，也就是我们通常所见的flash、gif图片等横幅广告。（略）

（2）以百度为代表的搜索引擎竞价排名服务，这种方式目前在中小企业里面比较常见。（略）

（3）在付费的平台上做推广。（略）

（十二）利用几种新颖网络推广方式

1. 利用百度知道、百度百科、搜搜问问和雅虎知识堂等服务进行推广

注册多个这些服务的账号，然后去提问题，所提的问题是要关于××巧克力的相关情况，然后过一段时间自己去回答，回答的内容当然是××巧克力的具体情况，最后在问题失效前将自己的回答采纳为最佳答案。同时多去回答其他人所提的关于巧克力方面的问题，内容中加上××巧克力企业的网站链接，这样就起到了很好的宣传作用。还有就是利用百度百科推广，去编辑相关的词组，参考资料中写上以上内容来源于网站，并

附上本网站的网址。

2. 利用招聘名义推广

现在的就业形势非常严峻，工作岗位越来越少，但是求职的人却越来越多。可以以本企业的名义去各大招聘网站注册企业会员，然后在企业介绍栏目中写上本企业的详细情况介绍，在联系方式中填写企业网址。这样的推广方式除招聘外还可以起到宣传的作用。

3. 利用网络软文推广

结合企业自己的服务、理念、人员等写文章，可以是推荐、评测报告、应用方案、顾客感受和有关事件等。软文对推广者的写作水平要求很高，所写的软文要有可读性，写得好的话将有可能会在门户或传媒等高浏览量网站得到免费发布，甚至可能被传统媒介应用，是一种很费心思但效果非常好的方法。

六、企业网络营销预算

（1）广告媒体策略　　主要以电视及网络做宣传。电视广告排在黄金时段播出。

（2）广告预算　　电视及网络将花费 20 万元人民币。

（3）广告效果预测　　广告推出后将有百分之五十的消费者认识本产品，并产生购买。

七、网络营销效果评价

更大程度上使得消费者认识和了解××巧克力的特点，巩固产品在消费者心目中的位置。在努力保持××巧克力产品消费者原有品牌忠诚度基础之上，提高品牌的偏好度。引起消费者的注意，激发购买兴趣，进而引发购买行动。

四、任务实训

结合本任务所学知识，请你为君乐宝乳业撰写一份网络营销策划书。

（一）背景资料

君乐宝乳业集团创立于 1995 年，28 年来始终专注于奶业发展，为消费者提供健康、营养、安全的乳制品。业务范围包括婴幼儿奶粉、低温酸奶、常温液态奶、牧业等板块，在河北、河南、江苏、吉林等地建有 21 个生产工厂、17 个现代化大型牧场，销售市场覆盖全国。近年来，君乐宝持续加大研发创新，不断优化产品结构，努力推动奶业高质量发展。

（二）实训要求

认真分析该公司的行业环境、竞争者状况、公司的目标市场，然后为该公司撰写一份符合公司实际、具有一定可行性和可操作性的网络营销策划书。

1. 本次实训以小组为单位，小组成员分工合作，注意团队内部成员的协作。

2. 用词严谨，语言规范，符合格式要求。

3. 运用多种推广方式，且要求具备创新性。

4. 网络营销策划书符合结构要求，体现写作技巧。

（三）实训思路

方案内容可以参照以下框架。

1. 公司简介

2. ×××行业网络营销环境及竞争对手分析

（1）×××行业网络营销环境分析。

（2）×××公司主要竞争对手分析。

3. 公司市场 SWOT 分析

4. 公司网络营销目标市场定位

（1）公司主要目标市场。

（2）公司目标客户行为分析。

（3）公司网络营销定位。

5. 公司网络营销策略

（1）搜索引擎推广。

（2）电子邮件推广。

…

6. 公司网络营销预算

7. 网络营销效果评价

（四）实训考核

以小组为单位完成网络营销策划书的撰写，熟悉网络营销策划书的结构，掌握其写作技巧，具备网络营销推广创新的能力。

任务四　制订微信营销文案

微信营销是网络经济时代企业或个人营销模式的一种。是伴随着微信的火热而兴起的一种网络营销方式。微信不存在距离的限制，用户注册微信后，可与周围同样注册的"朋友"形成一种联系，用户订阅自己所需的信息，商家通过提供用户需要的信息，推广自己的产品，从而实现点对点的营销。

微信营销主要在安卓系统、苹果系统手机或者平板电脑中的移动客户端进行区域定位营销，商家通过微信公众平台，结合转介率微信会员管理系统展示商家微官网、微会员、微推送、微支付、微活动，已经形成了一种主流的线上线下微信互动营销方式。

一、任务目标

明确微信营销文案的写作结构，掌握微信营销文案的写作技巧，能够根据调研产品信息推广企业的品牌文化等，借助微信软件来进行推广策划。通过完成本任务，能够完成微信营销文案的撰写。

二、相关知识

（一）微信营销文案的格式

通常情况下，微信营销文案的格式具备以下内容。

1. 任务简介

了解企业需求，明确微信营销目的。有的企业是为了让自己的服务更便捷，如邯郸银行、河北航空；有的企业是为了更好地宣传自家产品，增加销售量，如斯凯奇、海尔等。只有了解企业的需求，才能明确地选择使用服务号还是订阅号，当然也可以两个都开通，但需要考量两个账号的分工。

2. 方案实施办法

包括团队建设和资金预算。团队建设需要列出团队人员要求、团队人员构成。资金预算一是需要制订线上推广计划及所需资金预算，做好沟通及审批工作，保证资金及时到位；二是需要制订线下营销活动所需的物料、交通、场地租金等资源预算方案。

3. 方案执行

方案执行部分可以写微信营销的具体应用，需要把微信营销方式、运营、活动、工作安排和很多细节等写清楚。把微信账号的内部栏目设计、运营方式、营销方式都写出来，例如每一天发什么资料和文章、自定义菜单有哪些栏目、对应栏目有什么资料、有什么作用、微信账号如何推广、活动如何做等。最好能写一下近期会做的几个活动计划，顺便能够申请一下活动支持，是否需要购买微信第三方系统等，做个费用列表，最好能注明哪些是重要的，哪些是非重要的费用，还有就是要写上需要哪些部门配合。

4. 管理工作

包括实时消息统计、用户管理统计、群发管理统计、素材管理等内容。其中群发管理统计可以采用1周/表，素材管理采用公众平台现有功能，群发信息资料均须登记在群发管理统计表上。图片以缩略图形式登记，文字全文登记。声音、录音信息需准确描述其资料。如果是一个团队，务必要列出每个人负责的工作，每日工作的资料有哪些，还有绩效考核等。

（二）微信营销文案的写作技巧

1. 挖掘用户痛点，然后提出解决方案

在具体写文案之前，我们需要先挖掘目标用户的痛点。分析用户痛点的能力非常重要，只有了解用户的痛点，才能对症下药，提出解决方案，才能引起对方的共鸣，最终带来行动。

2. 分析同行或相关账号

多关注同行账号，摸索同行成功的运营方式，或者资料布局。观察同行用服务号和订阅号的状况，了解他们用哪种类型的账号比较多，哪些账号的营销做得比较成熟，每一天关注他们的动态和运作的方式、活动的安排和文案，做到知己知彼。

3. 善于分析现有数据和客户资料

微信营销运营1～2个月之后，基于运营状况进行总结，包括对文章的阅读量和转发状况进行分析，哪些类型的文章更吸引目标人群，客户的反馈，客户互动的状况，还有活动的参与程度和效果分析，这段时间对公司的业务有多少帮助的评估等。把这些相关数据做个报表，然后给每组数据写几行总结，例如某某类型文章阅读量和转发度极高，能够适当思考多增加这方面资料发布等。

三、文案范例

×××微信营销推广计划

一、任务简介

（一）微信营销目的

建立一对多互动营销平台，依托微信及渗透个人现实社交圈打造一个营销通路：传播品牌、产品、项目、公司等信息，吸引更多的消费者用户与加盟商用户等，成为企业移动互联网营销通路的重要组成部分。

（二）企业获得价值

通过此方案的执行，逐步完成移动互联网营销通路的布局，为公司实现网络化经营做好当前收益与战略布局。通过层层过滤机制，把广大人群分层过滤成为我们的客户。

二、方案实施办法

（一）团队建设

1. 团队人员要求

团队应具备商务谈判潜力；抓住重点潜力；用心思考潜力；不断学习潜力；高效沟通潜力；建立关系潜力；危机公关处理潜力；了解受众兴趣潜力；组织协调潜力；品牌树立潜力。

2. 团队人员构成

每个微信公众账号由公司1～2名员工兼职负责。设定2名负责人进行应急管理（总经理或副总经理兼）。另外配备1～2名网络营销经验丰富的员工负责项目运作（亦可聘请顾问）。

（二）资金预算

1. 线上推广预算

（略）

2. 线下推广预算

（略）

三、方案执行

（1）开通公众平台账号　注册官方类微信、加盟类微信、销售类微信、客服类微信等。

（2）制作二维码、微信号　宣传图片、公司官网、微博、博客、论坛等放置二维码，设计二维码宣传单页、海报、名片、员工T恤、户外广告灯箱等。

（3）线上推广方式　论坛、IM工具、EDM、官网、网店、博客、微博、社交网站、互推、付费广告、公众账号导航。

（4）线下推广方式　名片、传单、T恤/广告衫、菜单、说明书、产品包装、店内海报、户外广告、关注陌生人、活动、传统媒体。

四、管理工作

（1）实时消息统计（3天/表）

时间：＿＿＿＿＿年＿＿＿＿＿月＿＿＿＿＿日　负责人：＿＿＿＿＿＿＿

（2）用户管理统计（1周/表）

时间：＿＿＿＿＿年＿＿＿＿＿月＿＿＿＿＿日　负责人：＿＿＿＿＿＿＿

（3）群发管理统计

（略）

（4）素材管理

（略）

四、任务实训

结合本任务所学知识，请你为君乐宝乳业撰写微信营销文案。

（一）背景资料

君乐宝是我国知名的乳业公司。目前该公司想要扩大销售范围，增加本季度的销售量。请你结合该公司实际情况，为其撰写一份微信营销方案。

（二）实训要求

1. 本次实训以小组为单位，小组成员分工合作，注意团队内部成员的协作。

2. 方案应当具体可行，且具备一定的创新性。

3. 善于运用数据分析来说明问题，推广计划有理有据。

（三）实训思路

1. 将学生分成若干工作小组，教师布置实训任务，学生明确实训目的和时限要求。
2. 撰写任务简介。
3. 确定方案具体实施办法。
4. 明确方案执行方法。
5. 制定管理工作分工。
6. 按照公文写作格式排版。

（四）实训考核

以小组为单位完成君乐宝乳业微信营销文案，熟悉微信营销文案的结构，掌握微信营销文案的写作技巧。

任务五　撰写直播活动策划书

直播营销是指在现场随着事件的发生、发展进程同时制作和播出节目的营销方式，该营销活动以直播平台为载体，达到企业获得品牌的提升或是销量的增长的目的。直播营销是一种营销形式上的重要创新，也是非常能体现互联网视频特色的板块。

一、任务目标

了解直播营销，掌握直播活动策划书的格式与写作技巧，能够根据企业的品牌文化及产品特点等，借助直播的方式达成营销目标。通过完成本任务，能够完成直播活动策划书的撰写。

二、相关知识

（一）直播活动策划书的格式

通常情况下，直播活动策划书具备以下内容。

1. 活动主题及目的

首先，要确定本次直播活动的主题及目的，活动是为了吸引用户关注提升品牌知名度还是为了实现转化提高销量，有了目标才能制订后续计划。

通过目标来精准定位人群和市场，结合自己的产品圈定位目标用户群体，为直播带来最大的流量提升，也防止团队在后续实施时出现偏离。

2. 用户痛点及需求

了解用户需求，深挖用户痛点，让用户明白最缺什么，最需要什么。将这些反映到直播活动策划中，直击用户痛点，引起用户共鸣，激发购买行为。

因此，我们做直播活动方案策划，切忌主观臆断，要从观看用户的角度出发，更多地为用户考虑，从而达到直播活动方案策划更好的效果。

3. 直播活动预热宣传

通常直播开始前一周左右，直播运营者会在自有平台和其他社交平台上提前宣传预热。

比如单独在账号中某一期视频预告直播时间和直播活动，然后进行全网分发，以通知老顾客和吸引新的潜在顾客来观看直播。

4. 直播活动人员安排

直播内容选定之后，就是确定直播的人员了。包括直播的主播、小助理以及直播管理员等。

主播的选择需要根据行业的特质来选。比如美容行业，最好选择长相好看的、有控场能力的人，要带动氛围，不能怯场，能够处理突发事件。

在直播时设置一个活泼的管理员，帮助管理直播间。遇到带节奏和恶意连线等突发情况，让他们做好直播间的场控，及时调整和活跃直播间的氛围。

其他人员：负责微博更新、整理互动最终结果、微信推文、主播文案撰写、朋友圈空间文写作、海报制作等。

5. 直播活动设置

（1）秒杀活动　在直播间起步期，秒杀活动做得要相对频繁，这样有利于促进前期的直播间转化成交的数据。通常，在直播间用得比较多的有 9.9 元秒杀、19.9 元秒杀。

（2）点赞活动　在直播间中，点赞活动很常见，具体活动内容可以根据店铺产品情况具体安排。

（3）时间段活动　在直播间，经常会设置每隔一个时间段，比如整点就会有一个活动，可以制造短期的人气高峰和成交。此外对于主播来说也更能把控好时间。

6. 直播活动复盘

活动结束后，负责人组织团队进行复盘，比如评估活动是否达到预期、总结经验与问题、优化整个流程等，以确保下次直播能够得到提升。

（二）直播活动策划书的写作技巧

1. 直播文案挖掘产品背后的价值观，塑造自我价值

塑造产品价值其实是为了更好地唤醒用户的痛点。随着社会的快速发展，人们对生活的需求越来越高，不再单纯地追求物质消费，开始转向追求精神上的满足。所以，如果你卖什么产品或者提供什么服务，一定要在展示完产品基础价值的同时突出更深层次的价值，高价值还能让用户降低花钱带来的损失感。比如你是卖花的，那么你的文案可以这样写：我卖的不是花，是一种精致的生活方式。

2. 直播文案要有冲突性，需带给受众某种刺激

某种意义上，在当下的语境中直播营销就是一场事件营销。除了本身的广告效应，直播内容的新闻效应往往更明显，引爆性也更强。一个事件或者一个话题，相对而言，可以更轻松地进行传播和引起关注。直播文案的冲突性，指的是文案能够带给受众某种刺激，或颠覆受众认知，或触动某种情绪，使其产生记忆。这种"冲突性"表现为：第一，你的文案是否能区别于竞争对手，让受众感受到你的独一无二；第二，你的文案是否制造了消费者心理层面的冲突，是否能打破消费者的"习以为常"，引发共鸣。可以利用对立的词意制造矛盾；打破常规，颠覆受众的认知；或者刺激用户的情绪，触抵用户内心真正需求，制造文案的冲突性。

3. 及时复盘，不断修正方案

营销最终是要落实在转化率上，实时的及后期的反馈要跟上，同时通过数据反馈可以不断地修正方案，提高营销方案的可实施性。

三、文案范例

××××店直播活动策划书

一、直播目的

1. 通过直播，直接引流消费者，推广店铺（主播可以在线查找，也可以是店主自己）。

2. 重点推荐店铺口碑较好的几款产品，渲染店铺品牌、产品的优势点。

3. 直播中，要求主播穿插讲述产品的特殊卖点、高性价比、高质量、优良的售后服务等。

二、直播方式

（1）直播形式 专场直播。

（2）直播场次 视商家需求安排。

（3）直播时间 商家安排。

三、直播实施方案

1. 预热

（1）做好直播预热工作，直播标题和图片要处理好。开场秀可以借助热点或才艺，快速吸引人观看。如果是专业主播，也可以由主播自行决定如何引流。

（2）主播要对直播商品特别是对于材质、款式等信息要熟悉，能熟练口播。

（3）设计好互动环节，游戏互动，点赞发红包（送产品）等，等人气上涨。

2. 直播

（1）按产品链接介绍产品特性，全方位展示产品的外观、详细介绍产品的特点。核心是让更多的 UV（独立访客）进店咨询，商家客服必须跟得上。

（2）然后试用（穿），展示具体的产品细节，产品的材质、大小、手感等，将产品卖点和特点融进去。

（3）介绍产品的保养、清洁的知识。

（4）和粉丝积极互动，解答疑问，同时提醒福利。注意全程口播和福利，根据时长合理设置。

3. 收尾

（1）在时间允许的情况下，将最热播的产品再推一次。此时观看人数已经很高了，这个时候需要主播做最后的产品推广和导流。

（2）持续互动，压轴大奖。

（3）持续吸粉，点赞，达到一定数量，进行才艺表演。

四、人员分工

1. 成熟主播

自带团队，只需在直播前进行充分有效沟通即可。

2. 店主自播

团队成员 1：准备道具、布置场地及现场客服。

团队成员 2：梳理产品特点、准备口播要点及现场客服。

团队成员 3：准备直播封面（直播主题、直播时间、直播产品名、主播）、测试直播账号及现场准备。

团队成员 4：场控及现场准备。

五、时间安排

1. 成熟主播：2 小时

如点赞数达到 30000（这个需要根据主播的粉丝量来给定），发第一波福利；

如点赞数达到 60000（这个需要根据主播的粉丝量来给定），发第二波福利；

以此类推，也可由主播自行决定节奏。

2. 店主自播：1～2 小时

如开播时间 0.5 小时或关注数量达到 100 或点赞数达到 30000（这个需要根据主播的粉丝量来给定），发第一波福利（第一轮红包）；

如开播时间 1 小时或关注数量达到 300 或点赞数达到 60000（这个需要根据主播的粉丝量来给定），发第二波福利（第二轮红包较上轮略多）；

如开播时间 1.5 小时或关注数量达到 500 或点赞数达到 100000（这个需要根据主播的粉丝量来给定），发第三波福利（免费产品两件送两个人）；

如开播时间满量或关注数量达到 800 或点赞数达到 150000（这个需要根据主播的粉丝量来给定），发最终福利（红包＋免费产品＋才艺表演）。

六、经费预算

1. 成熟主播

（1）免费邮寄样品（以便试用或试穿）。

（2）直播销售金额的 20%。

2. 店主自播

（1）设备添置：（如有则不须添置）　直播落地架、麦克风、柔光美颜灯、专业声卡等 300 元。

（2）红包　200 元两轮产品共四件（店主自选）。

（3）团队人员工资　400 元。

四、任务实训

结合本任务所学知识，请你为君乐宝乳业撰写直播活动策划书。

（一）背景资料

君乐宝是我国知名的乳业公司。目前该公司想要增加线上销售量。请你结合该公司实际情况，为其撰写一份直播活动策划书。

（二）实训要求

1. 本次实训以小组为单位，小组成员分工合作，注意团队内部成员的协作。

2. 方案应当具体可行，且具备一定的创新性。

3. 思路清晰、推广计划有理有据。

（三）实训思路

1. 将学生分成若干工作小组，教师布置实训任务，学生明确实训目的和时限要求。

2. 明确直播主题及目的。

3. 深挖用户需求痛点。

4. 确定直播活动预热宣传方式。

5. 确定直播的人员。

6. 设置直播活动。

7. 规划直播活动复盘方案。

8. 按照公文写作格式排版。

（四）实训考核

要求学生通过课程学习，了解直播筹划、运作、实施和评估工作，能熟悉直播活动策划书的结构，掌握直播活动策划书的格式要求与写作技巧。

项目九
商务主题活动文案

📚 学习目标

🌐 知识目标

1. 通过相关文案，理解有关商务主题活动的作用及意义。
2. 了解典型商务主题文案的形式。
3. 掌握典型商务主题文案的写作结构和写作技巧。

🌐 技能目标

1. 能够撰写危机公关策划文案。
2. 能够撰写庆典策划文案。
3. 能够撰写展会策划文案。
4. 能够撰写赞助活动策划文案。

🌐 素质目标

1. 具有善于运用各种传播方式和传播媒介展现组织风貌、宣传推广组织形象的思维意识。
2. 具备危机管理意识和协调公众关系的意识。
3. 具有创新思维和商业敏感性，具备利用公关活动文案提升品牌形象的能力。
4. 具有良好的职业道德和职业操守，在企业公关活动中具有正确的价值观，符合国家宪法、法律法规和社会公认的道德规范。
5. 具有精益求精的工匠精神，文案写作能做到字斟句酌、反复打磨。

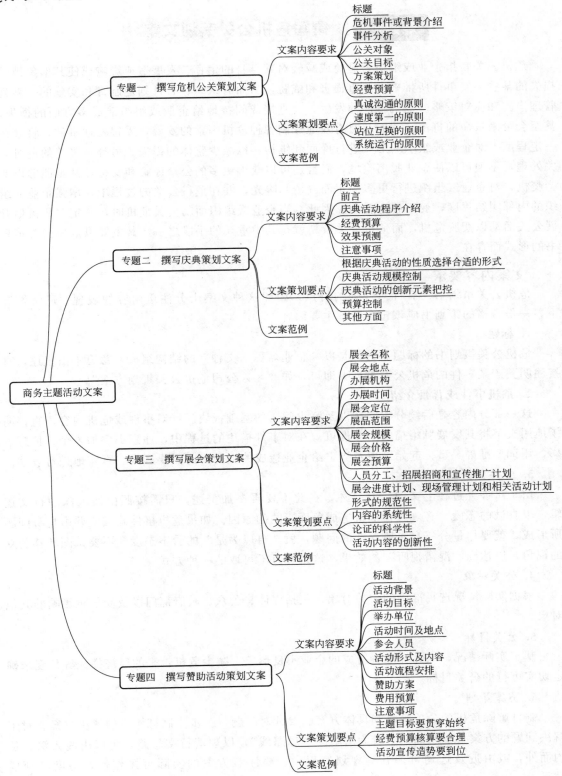

专题一　撰写危机公关策划文案

　　危机公关是指企业或组织为避免或减轻对其自身的生存、发展造成影响或使其形象遭受损失的某些突发事件所带来的严重损害和威胁，从而有组织、有计划地制订和实施的一系列管理措施和应对策略。危机事件的发生，会直接或间接地给企业或组织造成多方面的损失，甚至会带来致命的打击。若能及时有效地控制各种危机因素的发展，妥善处理事件，将会在一定程度上对企业或组织的形象进行挽回和维护，以减少整体的损失。另外，妥善的危机公关处理，不但可以使企业脱离险境，而且还可以获得更多的公众谅解和支持，甚至能够以此为契机，对企业或组织进行更多的正面宣传和曝光，并在危机公关的过程中，增强企业或组织的内部团结程度，变不利为有利。因此，当企业或组织面临公关危机时，一定要积极地开展公关活动以摆脱危机，而危机公关策划就是其中重要的手段之一，其主要以危机公关策划书的形式而存在。

一、文案内容要求

　　危机公关策划书具有针对性强的特点，因此这种文案十分注重内容的表现。通常情况下，一份合格的策划书应该包含以下主要内容。

1. 标题

　　危机公关策划书的标题通常都是以"企业名称＋文种"的结构组成，意思平白直述，直接注明关于某事件的危机公关策划书即可，如"××公司危机公关策划方案"。

2. 危机事件或背景介绍

　　这一部分内容是后续分析问题以及解决问题的基础板块。针对事件或危机内容，直接明了地用文字将其发展脉络描绘清楚即可。在对事件描述的过程中，注意不要加入个人情感色彩，用词要准确，事件起始缘由及当下给企业造成的损失，都需要客观、真实地进行表述。

3. 事件分析

　　由于事件经过在上文中已有描述，在此不要再多加赘述，只需按照由浅入深的行文逻辑，以真诚的态度，客观分析危机造成负面影响的原因。如果危机事件确实主要由自身问题所形成，就要尽量分析自身所存在的问题，就"自以为是"的看事态度，不要试图转移公众的视角，以达到"混淆视听"的效果，这是万万不可取的一种方式。

4. 公关对象

　　根据实际情况选择准确的公关对象，包括媒体、公众、政府部门以及受危机影响的其他对象。

5. 公关目标

　　基于实际情况，从弥补危机造成的企业不良形象、减少危机带来的经济损失等角度来确定切实可行的公关目标。

6. 方案策划

　　制订解除危机的公关策略和具体方案。要针对问题，一步步制订相应的解决方案。对于解决问题的方案，要明确一个较为清晰的"思路线"，以理清行文思路，可以由浅入深、从内而外，或由近及远均可。方案规划过程中，要注意方案的实际可操作性，态度必须要诚恳。

7. 经费预算

估算完成策划方案的经费预算并明确标注经费来源。

二、文案策划要点

危机公关的目的在于明确问题、解决问题，达到矫正形象、塑造形象的终极目标。在进行危机公关策划书撰写时，必须从问题的信息分析入手，找到问题的实质，并在此基础上建立解决实质问题的有效手段和办法。因此，在撰写危机公关策划书时，要重点掌握以下原则。

1. 真诚沟通的原则

企业或组织处于危机时，必然会成为公众和媒介的焦点，此时万万不可存有侥幸心理，企图蒙混过关，必须要主动承担事件的主要责任。即使另外一方也存在一定的责任，企业或组织也不能先追究其责任，否则会各执己见，加深矛盾，引起公众的反感，不利于问题的解决和形象的维护。因此，在危机公关策划书中所有的内容策划都必须要基于真诚沟通的原则，以消费者的利益为重，不回避问题和错误，所策划的一系列行为必须要体现出足够的歉意，要体现出企业勇于承担责任、对公众负责的态度，以赢得公众的同情和理解。

2. 速度第一的原则

在互联网媒体信息盛行的背景下，企业或组织的危机事件一旦发生，相关消息会像病毒一样，以裂变的方式进行高速传播。此时，如果官方不能够及时对事件进行相应的回复，各种谣言和猜测就会占据主要的传播渠道，为危机公关的进行埋下众多的隐患，甚至可能失去对全局的控制。因此，企业或组织在进行危机公关策划时，必须要快速反应，果断行动，所有的行动都必须以"速度第一"为原则，不能有任何的犹豫和拖沓心理，必须要及时选取最为行之有效的方式，与媒体和公众进行沟通，第一时间表明官方态度，保证危机事件不扩大、不升级、不蔓延，以达到对事态的快速控制。

3. 站位互换的原则

危机事件发生后，公众非常在意企业或组织是否在意对方的感受，是否能够站在对方的角度，感同身受，换位思考。因此，企业或组织在进行危机公关策划时，必须要站在对方和公众的立场上，思考此时事件的对立方及公众最需要的是什么，要以情感至上为前提，解决事件对立方深层次的心理、情感关系问题，不仅只是表达歉意，还要表达关怀、同情和安慰，以满足人的基本情感需求，从而赢得公众的理解和信任。

4. 系统运行的原则

危机事件发生后，要清楚认识到危机公关并非只是企业或组织的管理层和危机公关小组的工作，要想处理好危机事件，必须要保证企业或组织的全员认识统一，并与政府部门、行业协会、同行企业及新闻媒体等部门团体进行充分配合，以系统运行的思维联合应对危机。因此，企业或组织在进行危机公关策划时，必须要以系统运行为原则，相关行动的策划要注意保证企业或组织内部的思想统一性，提升内部的危机应对意识，以实现全员通过不同渠道来进行危机化解的局面；同时，具体活动的设置，也必须要积极联合相关部门团体，尤其要注重与政府相关部门的积极沟通以获取大力的支持，从而更有助于解除公众的警戒心理，增强公信力和影响力，以达到对事件良好处理的目的。

三、文案范例

××公司危机公关策划案

××月××日，公司接到政府主管部门通告，称从当日早晨起，本市多家医院接治了大量的腹泻患者。患者描述是由于食用了我公司的豆浆而引起的症状，医院方面检查结果为食物中毒。疾病防治中心工作人员对我公司的早餐豆浆进行抽样化验，发现了刺激消化系统的胰蛋白酶抑制物。为保证市民安全，立即封查我公司所有专营店和生产工厂，对事件展开全面调查。

公司第一时间进行自检，果然发现问题出于负责加热生豆浆的工人擅自缩短了豆浆加热时间，造成豆浆内的有害物质不能完全消除，致使一部分饮用者出现呕吐、腹胀、头痛等症状，引发事故。

我公司经过多年经营，已经拥有专营店 40 多家，完全占领了周边市县市场，去年成为本市纳税三甲之一。事故的发生严重影响了公司形象，针对此危机事件，公司总经理立即作出以下指示。

① 诚恳接受政府有关部门的检查整改建议，保持坦然的态度面对媒体和公众。

② 主动慰问患者，表明公司会全力配合调查，承担应有责任。

③ 对外宣传保持口径一致。

④ 有效控制信息的传播，任何细小的不利信息都要进行有效的控制，凡是不符合事实的信息都要给予迅速回应。

基于领导上述指示，公关部迅速反应，制订了如下应急方案。

一、预期目标

① 争取政府主管部门的最低处罚，将企业损失降至最低。

② 阻止不良信息的扩散，降低此事件对公司及产品形象的影响。

③ 消除患者和公众的对立情绪，利用此事件重新树立公司形象。

二、成立危机处理小组

立即成立由公司副总××挂帅的危机处理小组，其他成员从公司各部门抽调，处理不同方面事务，具体职责如下。

① 组长：由副总××担任，作为此次事件处理的总负责人，组织协调各项工作，并作为公司的对外发言人，应对各种来访以及负责与媒体的沟通工作。

② 公众问题组：沟通患者和医院方面，对接受害公众，接待公众的来访。

③ 外援活动组：组织公关的外援关系网，一方面负责联系媒体，另一方面负责沟通政府相关部门。

④ 内部控制组：协调公司内部，统一思想，组织人力等工作。

三、危机处理措施

针对可能发生的各类问题及可能面对的对象，各小组成员要接受组长的统一调配，分头行动。具体工作及处理措施如下。

（一）针对消费者

① 公众问题组负责在各售卖点张贴通知，告知市民暂时不要购买公司的豆浆饮品，已经购买者可到公司指定地点退换（公司总部一楼接待处）。

② 立即设立专门的投诉退货接待处，公众问题组××培训公司客服人员接待退换和投诉等工作，并作为责任人现场协助。

③ 公众问题组××联系指定的治疗医院，组织人员立即赶往××医院。

④ 建议出现症状的消费者到指定医院免费治疗。

⑤ 对正在治疗的患者进行慰问，提供医药费，送慰问金（金额待定）。

⑥ 通过院方联系已经出院的消费者，表示公司的歉意，通知尽快到我公司领取药费补

偿和慰问金。

（二）针对政府部门

① 公司副总随时准备接待卫生部门的检查，并向卫生部门解释事故原因，主动提交问题解决方案。解决方案包括：妥善答复中毒消费者索赔要求；召回公司所有上市豆浆饮品；购进国内最先进的质检设备，重新制定质量管理制度，确保产品质量；组织员工学习质量管理、操作规范，重新规范操作流程；邀请政府部门及专家定期检查指导。

② 卫生部门检查过后，公司副总立即沟通政府部门，表明企业的态度。

（三）媒体沟通

① 外援组尽快收集市内主要电视台、电台、报纸负责人以及主流新媒体平台负责人（及平台管理方）的联系方式。每天保持与各种媒体的联系，取得新闻媒体新动向，尽量减少负面新闻报道。

② 当日在《××晚报》和地方主流官方公众号平台以公司总经理名义发布致广大市民信，草拟内容包括：向广大市民表示深深的歉意，辜负了多年来市民对我们的信任与关爱；向市民公布公司解决问题的办法，并强调企业"视质量如生命，视客户如上帝"的理念；向市民讲解豆浆中毒的原因及出现的症状，解除市民心中的恐慌；欢迎市民参加公司组织的参观工厂活动，并赠送新产品品尝。

（四）针对内部公众

① 内部控制组负责组织人力，协调各部门增派人力，以满足危机处理小组的临时需要。

② 当日10：00，由内部控制组××主持召开员工大会，会议内容包括：向所有员工公布事故的真实情况和公司的解决办法，以杜绝谣言；要求员工统一口径应对可能出现的各种质疑；强调质量的重要性，进一步加强员工的质量意识。

③ 及时通过公司网站、官方公众号等渠道传达事件发展进程及公司所采取的措施，以稳定员工情绪。

专题二　撰写庆典策划文案

庆典活动一般是指由企业在重要节日期间或借助有关重大事件而发起举办的各种仪式、庆祝会或纪念活动。庆典活动作为商务活动中重要的活动形式之一，不仅可以强化企业内部凝聚力，同时还具有较高的对外宣传价值，从而能够更为全面地展示企业实力，进一步提升企业的知名度和美誉度。通常，为了保障庆典活动的顺利进行，企业在庆典举行之前都会进行周密的方案策划，对庆典活动流程进行详细的安排，以形成切实可行的庆典活动策划文案。

一、文案内容要求

常见的庆典活动策划文案主要有开业典礼策划文案、奠基仪式策划文案、启动仪式策划文案、揭牌仪式策划文案、签字仪式策划文案、剪彩仪式策划文案、开（闭）幕式策划文案、周年庆典策划文案和节庆活动策划文案等。虽然庆典策划文案有多种不同的类型，但所有的庆典策划文案都会围绕特色创意和可操作性而展开。一般情况下，一份完整的庆典策划文案主要包含以下几个方面的内容。

1. 标题

标题是对庆典内容的高度凝练，最常见的标题形式一般由"企业名称＋庆典主题＋文种"构成，如"××公司开业庆典活动策划方案"。某些情况下，为了简便，也会采用"庆典主题＋文种"的简单体例，如"周年庆典活动策划方案"。

2. 前言

前言部分需要以简短的文字，向相关人员阐述庆典活动举办的背景，并明确本次庆典活动的主题、目的和意义（包含经济效益、社会利益、媒体效应）等内容。

3. 庆典活动程序介绍

这部分内容主要是对整个活动流程的介绍，文字内容要准确且简练。撰写这部分内容时要注意保证以下相关内容的完整性。

（1）活动时间、地点、人物（包含司仪、嘉宾）等。

（2）活动安排，包括宣传计划、出席活动报道的媒体、场景布置等。其中，宣传计划主要是对庆典活动的前期舆论造势计划的介绍，以达到扩大传播范围、提升活动影响力的作用；媒体报道是提升庆典活动影响力的关键所在，所以在媒体选择上要把握重要性原则，选择合适的媒体参与；当场景布置用文字不便描述时，可以采用预绘效果图及简要文字说明的形式对现场布置进行直观具象的展示。另外，活动中如果有创新性的活动创意，可以进行单独说明，以提升庆典活动的整体效果。

（3）庆典活动流程，包括来宾签到、座位安排、庆典主持、领导致辞、文娱活动、宴会安排等。庆典流程设计一般是以时间线为主线展开的，需要对每个时间段下的活动内容及参与人员的行为进行描述。这部分的内容设置要以实施的可行性为基本前提，要以保证所计划的流程都能够正常实现为最终目标并兼具条理性，使流程顺序更加合理。同时还要将整个庆典内容进行板块化区别，以方便后续在操作过程中，可以阶段性地对整体的计划内容进行校验。

4. 经费预算

庆典活动会涉及多种类型的费用支出，在庆典策划文案中需要以经济性和边际效用最大化为前提，对预计的费用支出进行详细的列举，一方面可以使活动主办方在活动举办前做到心中有数，提前对整个活动花费有较为清晰的认识，剔除不必要的花费；另一方面还可以在活动执行期间对活动的经费花销进行有效的控制，保证过程的计划执行性，以达到成本控制的目的。进行经费预算列举时，可以使用预算列表的形式，以达到对经费花销清晰直观地展示的目的。

5. 效果预测

对本策划方案预计能够达到的活动效果，即能够为企业带来的直接和间接的经济效益、社会利益和媒体效应等内容进行简单的描述。

6. 注意事项

这部分主要是对活动中的一些重要内容未能在以上模块中进行介绍而进行的补充，或对某些特殊情况的重要提示，包括意外情况应对、安全保障、活动组织的人员安排、温馨提示等。

以上内容为庆典活动策划文案中常见的主要内容，但庆典活动的策划文案中也不仅限于以上的内容，对以上所提到的模块也可以进行适度的调整，例如庆典活动程序介绍所涉及的内容比较多，具体写作时可以以一个完整模块来体现，也可以分成不同的模块来对相应的内容进行具体的介绍。

二、文案策划要点

1. 根据庆典活动的性质选择合适的形式

庆典活动的形式多种多样，在选择主要形式时，应根据具体事件来选择，如签字仪式、剪彩仪式、揭牌仪式等。在确定了主要形式后，还应当考虑是否要添加一些辅助的形式加以配合，如文艺演出、酒会等，以进一步烘托活动氛围。

2. 庆典活动规模控制

举办庆典活动的主要目的在于提升主办单位的社会影响力，以达到为自身造势的目的。通常情况下，庆典活动的规模越大越容易产生明显的轰动效应，但如果为了刻意追求足够宏大的场面，而忽视了活动规模与主办单位自身实际情况的匹配程度，最终有可能会成为"打肿脸充胖子"，虽消耗了巨大的成本，却无法为企业带来实质的效益。因此，在进行庆典活动策划时，企业要量力而行，活动的规模应当与企业的实际情况大体相符，按照实际需求来控制庆典规模。

3. 庆典活动的创新元素把控

新鲜感是人们对某项事物能够一直保持兴趣与关注的核心，因此在进行庆典活动策划时要适度加入一定的创新元素，在流程设置、表现形式等方面都能够有一定的吸引力。创新元素设定一定要以满足企业需求和参与大众的喜好为前提，不能为了创新而创新，否则就会失去其本身的意义。

4. 预算控制

庆典活动的经费预算必须要保证合理且必要，经济实惠又不失气派体面是第一原则。尤其是作为第三方公司为雇主进行方案设计时，一定要与客户进行充分的沟通，了解对方想要达成的目的和创造出的效果，据此来进行经费的预算控制，以保证对方的可接受性。需要注意的是，在进行报价时，一定要注明是否包含税率、项目审批费用等。

5. 其他方面

对活动举办环境，室内还是室外；活动时间，工作时间还是休闲时间，都需要根据活动具体的目标和性质来进行合理的选择。另外，在进行活动策划时，还要充分考虑到当地的风俗习惯、政治因素、活动的特别诉求以及主办方的特别要求等因素。

三、文案范例

××银行××支行开业庆典策划方案

一、前言

××银行成立于 2008 年 7 月，2011 年 12 月经国家银保监会批准正式更名为××银行，是××市首家地方性股份制城市商业银行，由地方财政、企业和自然人投资入股，注册资本30 亿元。截至 2020 年末，资产总额 1136 亿，各项监管指标优良。

××银行自成立以来，坚持"服务地方经济，服务中小企业，服务市民百姓"的市场定位，着力提升金融服务水平，积极助力地方经济和社会发展，切实履行银行业政治、经济和社会责任，树立了"中小微企业伙伴银行"和"百姓银行"的良好形象，曾被省政府授予"金融创新奖"和"金融工作特别贡献奖"，四度被省委、省政府命名为省级文明单位，2017年、2020 年两次荣获全国文明单位荣誉称号。目前，××银行下设 60 余家分支机构。为进一步促进当地经济发展，现决定筹建××银行××支行，从而能够为客户提供便捷化、特色化、差异化、多元化的金融服务。

二、活动主题

同心同行，共创共赢。

同心同行，即共事的人只要同心同德，同心同行，就会无往而不胜。

共创共赢，即双方建立互信的根本基础，在这个核心问题上立场一致，就能够通过交流和协商不断累积共识、共同创造对双方都有利的局面。

三、活动目标

通过本次活动，让公众进一步了解××银行，增加××银行××支行的曝光度，为下一步业务的推广奠定坚实的基础。

四、活动程序

本着热烈、隆重、创新的原则，布置一个有品位、有创意、有特色的开业庆典现场。

（一）场地布置

1. 室外区域布置

（1）注水道旗　在室外广场、道路、外围按效果图位置整齐插放 28 面注水道旗，注水道旗旗面主要包含活动主题、银行 LOGO 和"××银行××支行开业庆典"字样等内容。

（2）室外气球立柱及条幅　气球立柱 10 个，按效果图位置摆放。气球立柱以红色、粉色等艳丽颜色为主，以烘托喜庆气氛；每个气球立柱上方悬挂祝贺条幅，条幅内容以"热烈祝贺××银行××支行盛大开业""同心同行，共创共赢"等内容为主。

（3）揭牌仪式背景幕布及鲜花布置　揭牌仪式背景幕布以大红色为底色，左上角印有××银行 LOGO，黄金分割位置印有活动主题及"××银行××支行开业剪彩仪式"，鲜花按效果图位置摆放。

（4）祝贺花篮　在营业大厅迎宾红毯两侧，用三层花架整齐摆放由祝贺单位礼送的花篮架，花朵颜色艳丽，新颖别致。

2. 室内区域布置

（1）欢迎牌　在营业大厅门口设大型欢迎牌，欢迎来宾。

（2）签到处　设在大厅门口一侧，签到台铺红色桌布、设签到背景板。签到台的一角摆放色彩绚丽的鲜花盆插和一些必要的信息展示牌等。

（3）室内背景 LED 屏　活动开始前，循环播放××银行宣传片；活动开始后，根据仪式要求，同步播放 PPT。

（4）主席台　LED 屏前方，由崭新红毯铺设，不需舞台效果。另配有：

致辞台：安放在 LED 屏东侧，供领导讲话、嘉宾致辞使用。

音响：主席台前侧有话筒、音响、功放、调音台等。

鲜花盆插：点缀讲台、贵宾席。

（5）观礼区域　面对主席台划定可容纳 35 人左右的区域，不摆放座椅。

（6）楼梯装饰　楼梯均贴有本次活动主题的贴纸。

3. 会议室区域

（1）区域指示牌　设在二楼楼梯口处，以方便为来宾指示二楼会议室的位置。

（2）签约仪式会议室　东侧 LED 屏显示签约仪式背景，会议桌提前摆放桌牌，LED 屏前方摆放签约桌牌。

（二）活动流程

1. 筹备工作

（1）工作计划拟订　整个活动流程及方案的制订于××月××日完成。活动方案通过后，确定此次活动的相关负责人，责任到人。

（2）场地确定 广场、大厅及会议室布置。

（3）礼品准备 特色伴手礼纪念品。

（4）引导员的准备 安排引导员引导与会人员进场。

2．典礼仪式流程

（1）室外部分

08：00 全体员工进入各自岗位，做好接待准备。

09：30～09：50 宾客签到。

09：50～10：00 室外广场，舞狮表演（锣鼓队表演）。

10：00 参加剪彩的贵宾由礼仪人员陪同到预先安排的位置上站好，开业典礼主持人介绍出席嘉宾。

10：05 礼仪人员把准备好的红丝带、彩球、托盘、剪刀端上主席台，站在各位贵宾背后。举行领导剪彩及揭牌仪式。

（2）大厅部分

10：10 主持人引导所有人员移步营业大厅，室内背景 LED 屏播放××银行宣传片。

10：15 ××银行董事长讲话。

10：20 领导甲（待定）致辞。

10：25 领导乙（待定）致辞。

10：30 企业代表致辞。

（3）二楼部分

10：35 主持人引导有关人员移步二楼会议室参加银企合作签约仪式。

10：40 签约仪式开始。

11：10 签约仪式结束。

11：15 工作人员欢送宾客至大厅门口并在签到处发放纪念礼品。

11：30 组织人员开始拆卸场地布景。

五、经费预算

预算经费×万元（具体开销详见列表）。

六、效果预测

（1）通过开业庆典，使公众对××银行有进一步的了解。

（2）通过开业公关，给公众耳目一新的感觉，给公众及媒体留下深刻的印象。

（3）借助开业庆典建立深刻印象，公众对××银行建立一定的信任，为其下一步业务的推广奠定坚实的基础。

专题三 撰写展会策划文案

展会是一种集多种传播媒介于一身的宣传方式，其基本形式有展览会、博览会、交易会、展销会、展示会等。展会策划文案是企业或组织在展会举办之前，合理运用文字、图片、实物模型等辅助工具对展会的办展时间、环境布置、展品范围、展会规模、展会定位、招展计划、宣传推广和招商计划、展会进度计划、现场管理计划和相关活动计划等内容进行初步规划，以设计出展会的基本框架，为展会提供相应的流程指导。由于展会是一项经费支出较大的活动，因此在设计展会策划案时不仅要突出展会主题，有针对性，而且还要对社会

影响、宣传效果、经济利益和社会利益等多个方面进行介绍，以广泛吸引公众的注意力和兴趣，为公众提供一个相互了解、咨询、交流的机会。

一、文案内容要求

一般情况下，一份完整的展会策划文案主要包含以下几个方面的内容。

1. 展会名称

展会名称一般包括基础部分、限定部分和行业标识三个方面的内容。基础部分主要用于表示展会的性质和特点，常用词包括：展览、博览会、交易会和"×××节"等。限定部分用于说明展览的时间、地点和性质等内容。其中，展览时间的表达方式有三种：一是用"届"来表示，二是用"年"来表示，三是用"季节"来表示。展会地点即展会举办的场所。展会性质则通常会通过"国际""世界""国家""区域"等词语在展览名称中反映。行业标识主要用于表示展览的主题和展品的范围，行业标识通常是一个行业的名称，或者一个行业中的一个产品类别。如在"第三届中国国际进出口贸易博览会"这样的展会名称中，基础部分即为"博览会"，限定部分为"第三届"和"中国"，行业标识是"国际进出口贸易"。

2. 展会地点

策划选择展会的举办地点，包括两个方面的内容：一是展会在什么地方举办，二是展会在哪个展馆举办。展会地点策划即对展会在什么地方举办或是在哪个展馆举办进行提前准备。其中，选择展会在什么地方举办就是要确定展会在哪个国家、哪个省或者是哪个城市举办；策划选择展会在哪个展馆举办，就是要选择展会举办的具体地点。具体选择在哪个展馆举办展会，要结合展会的展览题材和展会定位而定。另外，在具体选择展馆时，还要综合考虑使用该展馆的成本大小如何、展期安排是否符合自己的要求以及展馆本身的设施和服务如何等因素。

3. 办展机构

办展机构是指负责展会的组织、策划、招展和招商等事宜的有关单位，包括企业、行业协会、政府部门和新闻媒体等。通常，展会策划文案中需要根据各单位在举办展览会中的不同作用，将展会的办展机构分为主办单位、承办单位、协办单位、支持单位等。其中，主办单位是指拥有展会并对展会承担主要法律责任的办展单位，其在法律上拥有展会的所有权；承办单位是指直接负责展会的策划、组织、操作与管理，并对展会承担主要财务责任的办展单位；协办单位是协助主办或承办单位负责展会的策划、组织、操作与管理，部分承担展会的招展、招商和宣传推广工作的办展单位；支持单位是指对展会主办或承办单位的展会策划、组织、操作与管理，或者是招展、招商和宣传推广等工作起支持作用的办展单位。

4. 办展时间

办展时间即展会计划举办的时间，但其除了代表举办展会的具体开展日期之外，还需要包含展会的筹展和撤展日期以及展会对观众开放的日期等多个层面的含义。通常，展会持续时间的长短并没有统一的标准，要视展会的具体情况而定。有些展会的持续时间可能很长，如"世博会"的展期长达几个月甚至多半年，而有的展会，如商品贸易展会，展期一般只有3～5天，多数展会的展期都是以短期为主。

5. 展会定位

展会定位就是办展机构根据自身的资源条件和市场竞争状况，通过建立和发展展会的差异化竞争优势，使自己举办的展会在参展企业和观众的心目中形成一个鲜明而独特的印象的过程，其目的在于明确展会的目标参展商和观众、办展目标、展会的主题等，即要清晰地告诉参展企业和观展观众本展会"是什么""有什么"。

6. 展品范围

展会的展品范围要根据展会的定位、办展机构的优劣势和其他多种因素来确定。根据展会的定位，展品范围可以包括一个或几个产业，或者是一个产业中的一个或几个产品大类。例如，"博览会"和"交易会"的展品范围就很广，"广交会"的展品范围会超过 10 万种；而有的展会的展品范围涉及的产业就很少，比如说"××汽车展览会"，只涉及汽车这一个单一产业。

7. 展会规模

展会规模即展会场面的大小，同时需要包括三个层面的含义：一是展会的展览面积是多少，二是参展单位的数量是多少，三是参观展会的观众有多少。在规划展会规模时，要充分考虑产业的特征以及到会观众数量和质量的限制，对这三个方面都要作出预测和规划。

8. 展会价格

展会价格即展会展位价格设定，就是为展会的展位出租制定一个合适的价格。展会展位的价格往往包括室内展场的价格和室外展场的价格，室内展场的价格又分为空地价格和标准层位的价格。在制定展会价格时，一般都遵循"优地优价"的原则，便于展示和观众流量大的展位的价格往往要高一些。在策划举办展会时，要根据市场情况给展会确定一个合适的价格，这样对吸引目标参展商参加展会十分重要。

9. 展会预算

展会预算是对举办展会所需要的各种费用和举办展会预期获得的收入进行的初步预算。

10. 人员分工、招展招商和宣传推广计划

人员分工计划、招展计划、招商和宣传推广计划是展会的具体实施计划，这四个计划在具体实施时会互相影响。人员分工计划是对展会工作人员的工作进行统筹安排；招展计划主要是为招揽企业参展而制定的各种策略、措施和办法；招商计划主要是为招揽观众参观展会而制定的各种策略、措施和办法；宣传推广计划则是为建立展会品牌和树立展会形象，并同时为展会的招展和招商服务的。

11. 展会进度计划、现场管理计划和相关活动计划

展会进度计划是在时间上对展会的招展、招商、宣传推广和展位划分等工作进行的统筹安排。它明确了在展会的筹办过程中，到什么阶段就应该完成哪些工作，直到展会成功举办。展会进度计划安排得好，展会筹备的各项准备工作就能有条不紊地进行；现场管理计划是展会开幕后对展会现场进行有效管理的各种计划安排，它一般包括展会开幕计划、展会展场管理计划、观众登记计划和撤展计划等。现场管理计划安排得好，展会现场将井然有序，展会秩序良好；展会相关活动计划是对准备在展会期间同期举办的各种相关活动作出的计划安排。与展会同期举办的相关活动最常见的有技术交流会、研讨会和各种表演等，它们是展会的有益补充。

以上为展会策划文案的基本内容，在具体的策划文案撰写过程中可以按照以上框架来进行撰写，也可以根据实际情况对结构进行调整，以重点说明或细化某部分内容。

二、文案策划要点

1. 形式的规范性

展会策划文案在形式上必须合乎规范，从结构框架上来讲，要做到结构完整，主要的结构要素不得缺失；在内容表述上，要使用规范的专业术语，否则在执行中容易出现误会，执

行不到位。概念使用前后要一致，符合行业标准，不能随意使用口语化语言，要做到既符合内部规范，又满足行业规范；另外，在文本编辑上，封面标题、目录、内容、图表都要细致入微，统一字体、字号、格式，目录页码与正文要准确对应，行间距、段间距要统一，图表清晰，格式规范；最后还要做到标识系统规范。设计 Logo 和图像要精细，不能出现模糊不清的情况，形成规范的标识系统与策划风格。

2. 内容的系统性

展会策划案的内容要做到系统。从内容上看，各个章节之间的关系要合乎逻辑，不能出现逻辑混乱的情况。先后顺序要有层次性，结构合理，不能出现内容缺失。各个环节的内容不能出现时间冲突和任务冲突，更不能出现内容冲突。其中，内容的系统性体现在三个方面：一是事项的系统性，策划的各个事项内在的关联清楚，涉及的人、事、任务和责任岗位、资金安排、条件保障安排清楚；二是时间的系统性，所有的工作都应当建立时间序列的合理安排，不能出现时间冲突，人和事都与时间进度建立精准对应关系；三是空间的系统性，展会活动要做好空间安排，所有活动均要对空间进行描述、测量、绘制平面图，确定重要点位的布局和安排，空间布置与设备选择，人员配备，构建起空间的系统性。只有这样才能够确保展会策划任务安排明确、详细、可落地，时间设定合理可行。

3. 论证的科学性

会展策划文案的成功与否关键在于论证的科学性。论证环节不科学，方案就不可能具有可行性。因此，在展会策划文案的编撰前期，必须要开展行业调查、消费行为调查、项目需求调查等科学的调查研究，从而为后期合理的展会计划的设定奠定基础；在文案撰写过程中，要重视科学方法和科学数据的运用，如使用概念要严谨，数据来源要权威，财务分析的数据要有科学依据，不能随意杜撰等。

4. 活动内容的创新性

展会活动非常重视现场的体验，而当下不同观展人群的个性化需求又十分突出，因此在展会策划文案的撰写过程中，应注重对活动内容的创新编排，可以增加展会的辅助活动，采取推介会、座谈会等多种形式，辅助展会进行全方位的公关活动，吸引参与者的注意力，以尽可能吸引参展商的参与，提升展会的影响力和综合效益。

除此之外，展会策划文案还要尽量确定一个具有吸引力的主题，尤其是在组织大规模的客商参加展会时，确立一个固定的主题，可以逐渐形成品牌效益；另外，参展人员要尽量邀请有实力的客商，以是否有合作意向为前提，注重知名度与现实性的结合，来增强展会的宣传效应。

三、文案范例

"房展会"策划方案

一、展会背景

为了进一步激发房地产市场的活跃性，满足和方便广大市民购房置业需求，引导我市房地产业的健康发展，由××市房地产管理局牵头，××市广播电视台主办，××市广电传媒会展部承办的20××"金秋飘香·和谐宜居"秋季房产、家居、建材展览会定于20××年10月1日至3日在××公园隆重举行。在"金秋飘香·和谐宜居"的展会主题下，本届房展会将会为诠释品质生活提供很好的平台。

二、展会目的

（1）为房地产业及相关行业搭建一个展示自己、互相沟通、共同发展的互动平台，提升扩大参展单位的品牌知名度。

（2）加强房展会的"房展超市"功能，降低消费者购房的时间成本，让消费者现场比较、对比选择，引导市民建立理性消费理念。

（3）最大限度地激发消费者的购房欲望，从而尽可能多地完成参展单位的销售目标。

三、展会特色

（1）展会时间定于10月1日至3日，十一国庆黄金周期间。金九银十是房展销售良机，承接九月，开启十月，加之国庆假期，人们的消费心理比较松动，购买欲望强烈，是一年之中的绝妙时机。

（2）展会地点在市××公园南门广场。该公园位于市区主城区东部，交通条件十分便利，地理位置得天独厚，日客流量近万人次，国庆期间可达五万余人次，尤其是本次展会地点——公园南门广场是园区客流量之最，可占园区总客流量的2/3，人气爆棚。

（3）宣传力度强大，宣传平台广泛。充分发挥××广播电视台的媒体优势和专业展会的集群优势，加大在电视、电台、网络、自媒体、户外广告等媒体的宣传推广（详见附录一展会宣传推广方案）。

（4）新颖的展会形式。在传统展会基础上加入新颖的展会形式，展会现场展开互动式的现场活动，如丰富的文艺演出、互动游戏环节及吸引力十足的特色策划活动（详见附录二展会特别活动策划方案）。

四、展会时间和展会地点

20××年10月1日至3日，市××公园南门广场。

五、展会主承办及宣传媒体单位

主办单位：××市广播电视台。

承办单位：××市广电传媒会展部。

媒体支持单位：××市电视台、××电台、××广播电视报、××信息港、××房产网、××广播电视网、××之窗微博等。

支持单位：×××××、×××××、×××××。

六、展览范围

（1）房地产开发商。

（2）房地产代理商。

（3）家居家装用品供应商。

（4）建材用品供应商。

（5）其他房地产相关企业（置业贷款金融机构、交易法律顾问律师事务所等）。

七、展会规划

1. 房展区

A区特装展位：费用为6万元

A1（13m×8m）、A2（12m×6m）、A3（12m×6m）、A4（10m×8m）。

B区标准展位：费用为2.5万元

B1（6m×6m）、B2（6m×6m）、B3（6m×6m）、B4（6m×6m）、B5（6m×6m）、B6（6m×6m）、B7（6m×6m）、B8（6m×6m）。

2. 建材家居展区

C1～C3展位：费用为1.5万元（5m×3m/展位宽度可延伸）。

C4～C29展位：费用为1.2万元（均为5m×3m）。

八、参展说明

（1）参展单位须有独立的法人资格。

（2）参展单位有相应的《商品房预售许可证》和《营业执照》。

（3）参展单位须在 9 月 30 日前缴清展位租赁费用，方可进场布展。

（4）展位设计须新颖、美观大方，有开发楼盘模型、公司楣板。

（5）展位未经组委会许可不得转让他用。

（6）参展单位应遵守《广告法》进行产品的宣传布展。

（7）参展楼盘要求：符合上市销售的要求（具备国有土地使用证、建设工程规划许可证、建筑工程施工许可证、建设用地规划许可证、商品房预售许可证），没有预（销）售许可证的项目只能进行企业形象、项目展示，不能以任何形式销售房屋。

（8）参展单位在展期现场交易的，不得以欺诈行为损害购房者的利益。违反者取消参展资格，展位费用不予退还。

（9）参展单位的展位物品自行看管，有损失的，自行负责。

（10）参展单位如在 10 月 1 日上午 8 点 30 分前未到展会报到，组委会有权将其展位另做他用，已付展位费用不予退还。

以上未尽事宜组委会将及时与参展单位沟通。

房展会组委会

20××年 8 月 30 日

专题四　撰写赞助活动策划文案

赞助活动是指社会组织通过某一社会事业或社会活动无偿地向赞助对象给予资金或物质上的捐赠或赞助的行为，以取得某种特定的形象传播效果的社会活动，其范围涉及体育事业、文化活动、教育事业、科研学术、社会福利事业、社会公益事业、节日庆典、专项奖励等多个方面。社会赞助活动策划文案是对捐赠或者赞助活动过程的规划，一份出色的赞助活动策划方案可以扩大企业或组织的知名度和美誉度，获得一定的形象传播效益，从而为其更好地赢得政府、社区及相关公众的支持，为企业或组织生存和发展创造良好的环境。

一、文案内容要求

近年来，赞助活动作为商务公共关系专题活动中不可缺少的重要组成部分，已经被越来越多的企业所认识并加以重视，与之相关联的赞助活动策划文案也开始受到更多人群的关注。一般情况下，一份完整的展会策划文案主要包含以下内容。

1. 标题

赞助活动策划文案的标题及撰写方式与其他几种主要的商务主题活动文案的标题撰写要求类似，可以是"赞助活动＋文种"的形式，也可以直接以文种为标题。

2. 活动背景

活动背景介绍主要包括活动情况简介、活动执行对象和前期准备情况等，同时还要将活动的社会影响力进行简要的介绍，明确活动能够为赞助商带来怎样的利益，从而为下一步活动目标的设定奠定基础。

3. 活动目标

以简洁明了的语言将本次活动的举办所能够实现的目标进行描述，除了要将期望达到的结果描述清楚，还要从问题描述或宏观环境的角度入手，解释清楚为什么能够实现这样的目标。

4. 举办单位

分清主次，确定主办单位、承办单位和协办单位（一般为活动赞助方）。

5. 活动时间及地点

根据实际情况，选择合适的赞助活动举办时间和地点。

6. 参会人员

根据赞助活动的要求，合理确定活动的参与人员。

7. 活动形式及内容

为使赞助活动的举办更加丰富且具有吸引力，可以结合活动的目标要求，选择合理的辅助活动形式，如文艺演出、影视欣赏、知识讲座等将活动形式进行丰富扩充，并在此基础上对活动的主要内容进行详细介绍。

8. 活动流程安排

活动流程安排要力求详尽，尽量要将活动的进程与时间推进计划进行明确的匹配。通常，活动流程大致可以分为三个阶段。

（1）活动准备阶段（包括海报宣传、前期报名、经费赞助等）。

（2）活动举办阶段（包括人员的组织配置、场地安排情况等）。

（3）活动后续阶段（包括结果公示、活动展开情况总结等）。

另外，在进行活动流程安排计划时，要注意对其可行性进行相应的论证。同时还要在进程介绍时，对特殊的环节安排进行重点说明，以突出相应的权益回报点。

9. 赞助方案

活动策划文案中，要对赞助发起方的赞助方案进行简要的介绍，如赞助方式、赞助发起的时间等内容。常见的赞助方式有独家赞助和冠名赞助。独家赞助指只有一家企业或组织进行赞助，包揽所有费用并拥有活动的绝对冠名权；冠名赞助则是指由多家企业或组织进行联合赞助，但通常只有赞助金额最多的企业或组织才可以得到冠名权，其他的赞助商作为主办单位、协办单位、赞助单位或鸣谢单位出现在活动中。

10. 费用预算

即活动中所涉及的各项费用支出情况，包含前期和后期的宣传费用、活动现场场景布置费用、人工费用、礼（奖）品费用、易损耗材费用等。费用预算同样要按照必要、节约、真实的原则进行计划列支。

11. 注意事项

对活动中前文未能提及的一些内容进行简要补充或提示，以及对由于内外环境变化而为方案的执行带来的不确定的变化做一些相应的应变措施设置。

二、文案策划要点

赞助活动对赞助商而言是一种变相的投资行为和宣传方式，其关注点主要集中在投入有多少和产出效益有多大，因此在整个策划文案中，都需要围绕这两点来进行相应的阐述，在进行策划时需要重点注意以下几点。

1. 主题目标要贯穿始终

在保证策划文案主要框架完整的基础上，要保证所有内容都是围绕活动主题目标而设定，活动规模及形式选择要与目标相匹配，流程设置要以实现主题目标为目的。要适度设定参与门槛，让潜在合作对象能够在活动的进行过程中切实感受到获利的可能性，以激发其参与热情，保证活动的参与广度。

2. 经费预算核算要合理

赞助活动与前几种商务主题活动不同，会涉及参与者的直接投入与间接期望产出的预判，而这一切都会与经费预算产生直接的关联。经费预算如果与事实偏离得太厉害，会让潜在合作者产生不信任感，或因担心赞助规模超过企业的承受能力而不愿进行合作的误判。所以在经费预算核算时一定要给潜在合作者以"不亏本"和"有赚头"的感觉。

3. 活动宣传造势要到位

活动宣传方式要新颖，要结合潜在合作人群的特点进行宣传渠道规划，尤其要用好社交媒体传播关系链。宣传文案要敢于创新，独辟蹊径，要注意点明潜在合作对象的"营销痛点"，以尽可能争取合作的达成。

三、文案范例

低碳环保无车日环游活动赞助策划案

随着国家双碳目标的确立，低碳环保的生活方式成为社会公众关注的重点议题，绿色低碳的出行方式已经成为主流趋势。骑车作为当前商界精英最热衷的户外健身运动之一，在"发烧友"当中具有相当的吸引力。环游××骑行活动在我市尚属首例，目前已经在本市及周边范围内进行了广泛的宣传，"骑行圈"在公众视野内已经产生了重大的社会影响力。与此同时，本次环游××骑行活动会通过形式多样的附加活动方式，吸引更多的社会大众参与其中，号召大家共同践行"低碳出行、健康骑行"的绿色理念。活动进行期间，我们诚邀相关赞助商参与到活动中来，我们将借助活动平台，对赞助商家的经营理念、企业文化以及品牌和产品进行全面的宣传，以实现贵公司知名度的大幅提升。

一、商机分析

① 本次骑行活动途径：从××到××（途径略），宣传面广。

② 公司赞助此类公益宣传活动，公司品牌和形象容易深入人心。

③ 同电视、广播、报刊等被动的传媒方式相比，可用最少的资金做到最好、最直观的主动宣传。

④ 高效廉价的宣传：以往的类似活动为我们积累了众多的宣传经验。我们将认真总结并实践，努力达到理想的宣传效果。

二、商家权利和义务

1. 权利

① 通过横幅、××生活网、公众号平台、宣传单及具体活动等最佳方式对企业文化、经营理念及产品信息等内容进行宣传。

② 在骑行途中穿戴用以展示公司名称、标志、理念、形象代言人的服饰等。

③ 提供一定资料，要求组织者在预定地方做相应的宣传。有对整个活动过程前后宣传效果及方式的建议和监督权。

2. 义务

① 提供准确、真实的商业信息。

② 提供足额的赞助费，货真价实的实物，美观大方的宣传材料。

三、宣传方式

① 在骑行途中使用印有贵公司名称、标志、理念的服饰等进行宣传。

② 通过在网页上发表游记等方式进行植入广告宣传。

③ 联系本市主要媒体对本次活动进行报道，植入广告宣传。

④ 以赞助商提供的资料在预定地点做相应的宣传。

四、活动经费预算（具体金额略）

① 运动服饰（文化衫、太阳帽、运动鞋袜、风衣、运动裤、手套）。

② 户外用品（吸汗衫、旅行包、照明、炊具、帐篷、雨伞、仪器）。

③ 专用饮料（纯净水、矿泉水、碳酸饮料、奶制品、运动饮料）。

④ 自行车以及头盔、气筒等相关配件。

⑤ 礼品文具（签字笔、铅笔、简易笔筒等）。

⑥ 活动条幅、旗子、队旗。

⑦ 通信设备（手机、对讲机）。

⑧ 数码相机以及相关配件。

⑨ 保险（人身保险）。

五、赞助效果

① 促进合作，共同发展。本次活动形式新颖、时间长、范围广，必为商家带来预想不到的宣传效果和商机。

② 扩大公司在区域的影响，通过全面的宣传，提高公司产品的知名度。

③ 通过赞助相关的活动，树立企业形象，提高公司的社会效益和经济效益。

六、赞助方案

① 独家赞助。独家赞助拥有活动的冠名权，拥有活动的一切商家补偿计划。

② 多家联合赞助。赞助最多的可以得到冠名权，其他的赞助商作为鸣谢单位出现在活动中。享有部分商家补偿计划的条款，具体由赞助资金的多少决定。

③ 商家可以自行选择宣传方式，不同的宣传方式赞助不同的资金和实物。商家也可以提供自己的方案给我们，如果是双赢的效果，我们将乐于接受。

七、评估效果

通过此次合作，将多方面促进贵方知名度的提高，同时对商家长远的发展也大有裨益。我们将在活动结束后对此次活动及宣传效果进行总结并给贵公司最及时的反馈。

八、结束语

好的开始是成功的一半，本次活动策划已久，我们将精心准备、全力以赴。相信通过我们的精诚合作，完全能实现您所希望的效果。通过本次骑行活动，能够让贵公司品牌观念得到更为广泛的传播。真诚希望贵公司能慎重考虑我们的建议，并为我们提出宝贵的意见。所有的宣传活动由我们负责，贵公司可以派人监督在沿途的宣传情况，我们也会进行及时的反馈。希望能和贵公司合作，共同完成此次环××骑行活动，愿我们合作愉快！

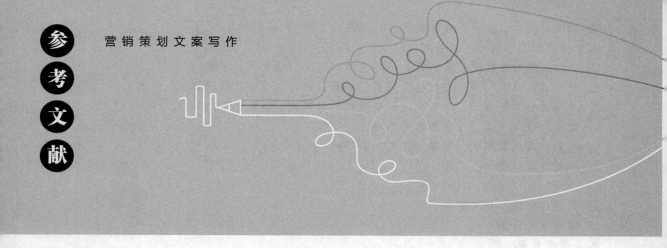

[1] 张妍，唐实．实用营销文案范本全书．北京：北京工业大学出版社，2012.

[2] 伯灵，唐实．实用策划文案范本全书．北京：北京工业大学出版社，2012.

[3] 杨德慧，彭英．商务策划文案写作．3 版．北京：首都经济贸易大学出版社，2015.

[4] 刘艳．营销文案写作技巧．武汉：华中科技大学出版社，2017.

[5] 陈建中，吕波．营销策划文案写作指要．北京：中国经济出版社，2011.

[6] 纪亚楠，臧胜利．网络营销与推广．北京：人民邮电出版社，2019.

[7] 张贵泉，张洵瑒．文案策划：撰写技巧与经典案例．北京：化学工业出版社，2019.